Scoprire i Giochi Gratuiti Online

Disponibile Qui:

**BestActivityBooks.com/FREEGAMES**

# 5 CONSIGLI PER INIZIARE

## 1) COME RISOLVERE LE PAROLE INTRECCIATTE

I puzzle hanno un formato classico:

- Le parole sono nascoste senza spazi o trattini,...
- Orientamento: Le parole possono essere scritte in avanti, indietro, verso l'alto, verso il basso o in diagonale (possono essere invertite).
- Le parole possono sovrapporsi o intersecarsi.

## 2) APPRENDIMENTO ATTIVO

Accanto ad ogni parola c'è uno spazio per scrivere la traduzione. Per incoraggiare l'apprendimento attivo, un **DIZIONARIO** alla fine di questa edizione vi permetterà di controllare e ampliare le vostre conoscenze. Cerca e scrivi le traduzioni, trovale nel puzzle e aggiungile al tuo vocabolario!

## 3) SEGNARE LE PAROLE

Puoi inventare il tuo sistema di segni. Forse ne usi già uno? Per esempio, puoi segnare le parole difficili da trovare con una croce, le parole preferite con una stella, le parole nuove con un triangolo, le parole rare con un diamante, e così via.

## 4) STRUTTURARE L'APPRENDIMENTO

Questa edizione offre un **TACCUINO** alla fine del libro. In vacanza, in viaggio o a casa, puoi organizzare facilmente le tue nuove conoscenze senza bisogno di un secondo quaderno!

## 5) AVETE FINITO TUTTE LE GRIGLIE?

Nelle ultime pagine di questo libro, nella sezione della **SFIDA FINALE**, troverete un gioco gratuito!

**Facile e veloce!** Dai un'occhiata alla nostra collezione di libri di attività per il tuo prossimo momento di divertimento e **apprendimento,** a portata di clic!

Trova la tua prossima sfida su:

BestActivityBooks.com/MioProssimoLibro

# Ai vostri posti, pronti...Via!

Sapevi che ci sono circa 7.000 lingue diverse nel mondo? Le parole sono preziose.

Amiamo le lingue e abbiamo lavorato duramente per creare libri di altissima qualità. I nostri ingredienti?

Una selezione di argomenti adatti all'apprendimento, tre buone porzioni di intrattenimento, una cucchiaiata di parole difficili e una spolverata di parole rare. Li serviamo con amore e entusiasmo in modo che tu possa risolvere i migliori giochi di parole e divertirti imparando!

-------

La vostra opinione è essenziale. Puoi partecipare attivamente al successo di questo libro lasciandoci un commento. Ci piacerebbe sapere cosa ti è piaciuto di più di questa edizione.

Ecco un link veloce alla pagina dell'ordine:

BestBooksActivity.com/Recensione50

Grazie per il vostro aiuto e buon divertimento!

*Tutta la squadra*

# 1 - Scacchi

| 진 | 킹 | 퀸 | 챔 | 휴 | 그 | 퍼 | 상 | 대 | 춤 | 휴 | 투 | 술 | 원 |
|---|---|---|---|---|---|---|---|---|---|---|---|---|---|
| 그 | 편 | 구 | 캠 | 피 | 게 | 임 | 왕 | 공 | 야 | 도 | 원 | 공 | 시 |
| 토 | 너 | 먼 | 트 | 서 | 언 | 수 | 동 | 태 | 그 | 편 | 전 | 핑 | 예 |
| 예 | 규 | 칙 | 휴 | 기 | 낚 | 도 | 예 | 퍼 | 관 | 림 | 하 | 마 | 진 |
| 투 | 수 | 휴 | 독 | 춤 | 술 | 예 | 서 | 렵 | 그 | 독 | 물 | 수 | 이 |
| 시 | 수 | 뿜 | 편 | 야 | 춤 | 원 | 뿜 | 물 | 농 | 마 | 진 | 츠 | 마 |
| 진 | 시 | 츠 | 기 | 그 | 법 | 구 | 영 | 구 | 관 | 가 | 림 | 권 | 수 |
| 렵 | 식 | 그 | 동 | 낚 | 포 | 시 | 리 | 구 | 렵 | 블 | 서 | 공 | 관 |
| 렵 | 렵 | 수 | 츠 | 스 | 시 | 림 | 한 | 서 | 술 | 랙 | 전 | 춤 | 낚 |
| 즐 | 핑 | 야 | 봉 | 관 | 하 | 권 | 춤 | 츠 | 권 | 플 | 스 | 략 | 구 |
| 야 | 야 | 야 | 렵 | 서 | 하 | 핑 | 진 | 원 | 물 | 레 | 서 | 하 | 시 |
| 시 | 진 | 동 | 그 | 킹 | 안 | 활 | 임 | 독 | 시 | 이 | 회 | 술 | 포 |
| 권 | 하 | 캠 | 편 | 뿜 | 심 | 림 | 하 | 편 | 법 | 어 | 대 | 각 | 선 |
| 희 | 생 | 물 | 편 | 다 | 권 | 포 | 스 | 뿜 | 동 | 구 | 독 | 시 | 투 |

상대
하얀
챔피언
대회
대각선
플레이어
게임
영리한

블랙
수동태
규칙
희생
도전
전략
시각
토너먼트

# 2 - Salute e Benessere #2

| 식 | 츠 | 공 | 게 | 다 | 공 | 봉 | 마 | 캠 | 봉 | 재 | 하 | 구 | 관 |
|---|---|---|---|---|---|---|---|---|---|---|---|---|---|
| 쁨 | 편 | 독 | 피 | 춤 | 건 | 권 | 사 | 알 | 그 | 캠 | 휴 | 낚 | 물 |
| 수 | 림 | 농 | 하 | 법 | 게 | 강 | 지 | 레 | 가 | 야 | 춤 | 기 | 독 |
| 다 | 이 | 어 | 트 | 에 | 너 | 지 | 한 | 르 | 동 | 술 | 여 | 가 | 무 |
| 농 | 활 | 포 | 유 | 전 | 학 | 위 | 생 | 기 | 여 | 스 | 관 | 진 | 게 |
| 츠 | 재 | 포 | 봉 | 기 | 게 | 가 | 휴 | 여 | 관 | 술 | 사 | 봉 | 기 |
| 핑 | 포 | 이 | 스 | 킹 | 야 | 공 | 하 | 쁨 | 기 | 봉 | 원 | 퍼 | 동 |
| 그 | 시 | 하 | 수 | 비 | 도 | 서 | 독 | 춤 | 식 | 욕 | 편 | 서 | 림 |
| 이 | 사 | 심 | 춤 | 타 | 렵 | 사 | 게 | 퍼 | 포 | 포 | 춤 | 해 | 부 |
| 림 | 기 | 영 | 법 | 민 | 여 | 여 | 진 | 공 | 게 | 다 | 심 | 법 | 여 |
| 탈 | 시 | 양 | 하 | 도 | 이 | 수 | 핑 | 구 | 구 | 병 | 질 | 편 | 그 |
| 수 | 하 | 동 | 감 | 염 | 가 | 소 | 서 | 공 | 킹 | 원 | 칼 | 로 | 리 |
| 임 | 몸 | 술 | 림 | 봉 | 낚 | 사 | 화 | 술 | 기 | 봉 | 기 | 원 | 예 |
| 동 | 게 | 서 | 시 | 휴 | 권 | 게 | 츠 | 하 | 예 | 츠 | 진 | 권 | 농 |

| | |
|---|---|
| 알레르기 | 위생 |
| 해부 | 감염 |
| 식욕 | 질병 |
| 칼로리 | 마사지 |
| 다이어트 | 영양 |
| 소화 | 병원 |
| 탈수 | 무게 |
| 에너지 | 건강한 |
| 유전학 | 비타민 |

# 3 - Aggettivi #2

게 서 츠 예 물 우 춤 캠 낚 그 춤 봉 농 퍼
식 순 도 물 이 쁨 아 가 기 춤 게 퍼 그 스
진 수 휴 식 설 명 마 한 통 흥 미 로 운 이
포 한 자 랑 스 러 운 명 정 법 렵 림 극 짠
심 강 야 휴 마 봉 마 유 심 상 봉 여 적 생
법 건 포 림 재 낚 책 임 재 그 봉 야 인 산
배 고 픈 킹 식 예 다 핑 수 하 창 포 심 적
이 쁨 하 이 하 림 도 심 게 독 조 식 포 인
다 원 수 휴 공 즐 하 재 진 다 적 권 여 권
임 강 한 진 여 심 봉 편 임 권 예 예 낚 게
임 진 다 즐 재 림 달 포 동 캠 수 법 식 원
권 기 활 핑 봉 킹 즐 콤 재 렵 캠 다 기 다
심 하 그 구 츠 춤 낚 그 한 구 예 하 도 봉
새 로 운 자 연 스 러 운 마 른 사 도 편 구

배고픈
마른
정통
창조적
설명
달콤한
극적인
우아한
유명한
강한

흥미로운
자연스러운
정상
새로운
자랑스러운
생산적인
순수한
책임
건강한

# 4 - Ingegneria

| 심 | 공 | 어 | 기 | 마 | 가 | 진 | 야 | 심 | 뻠 | 측 | 정 | 식 | 임 |
|---|---|---|---|---|---|---|---|---|---|---|---|---|---|
| 농 | 진 | 기 | 계 | 도 | 지 | 다 | 포 | 표 | 춤 | 포 | 활 | 깊 | 이 |
| 그 | 기 | 동 | 가 | 휴 | 름 | 투 | 진 | 각 | 도 | 봉 | 츠 | 관 | 킹 |
| 구 | 도 | 캠 | 농 | 도 | 편 | 안 | 렵 | 권 | 킹 | 재 | 스 | 동 | 포 |
| 권 | 구 | 게 | 구 | 휴 | 그 | 정 | 추 | 진 | 예 | 수 | 심 | 춤 | 마 |
| 관 | 기 | 식 | 법 | 다 | 핑 | 성 | 진 | 마 | 계 | 이 | 여 | 킹 | 스 |
| 그 | 독 | 활 | 림 | 마 | 게 | 그 | 디 | 임 | 독 | 산 | 진 | 낚 | 법 |
| 스 | 휴 | 즐 | 캠 | 킹 | 식 | 시 | 젤 | 진 | 즐 | 구 | 편 | 독 | 재 |
| 진 | 편 | 킹 | 독 | 수 | 휴 | 심 | 기 | 핑 | 힘 | 퍼 | 시 | 휴 | 다 |
| 도 | 구 | 재 | 낚 | 분 | 포 | 회 | 전 | 구 | 편 | 구 | 시 | 도 | 농 |
| 식 | 이 | 동 | 게 | 마 | 하 | 서 | 춤 | 조 | 모 | 기 | 하 | 이 | 식 |
| 에 | 농 | 재 | 임 | 마 | 심 | 포 | 재 | 구 | 터 | 휴 | 건 | 설 | 도 |
| 너 | 마 | 킹 | 킹 | 액 | 체 | 즐 | 이 | 봉 | 법 | 가 | 마 | 법 | 독 |
| 지 | 뻠 | 뻠 | 동 | 즐 | 예 | 임 | 축 | 예 | 야 | 농 | 동 | 농 | 여 |

| | |
|---|---|
| 각도 | 액체 |
| 계산 | 기계 |
| 건설 | 측정 |
| 도표 | 모터 |
| 지름 | 깊이 |
| 디젤 | 추진 |
| 분포 | 회전 |
| 에너지 | 안정성 |
| 기어 | 구조 |

| 연 | 구 | 원 | 임 | 심 | 렵 | 도 | 수 | 잊 | 분 | 석 | 퍼 | 봉 | 술 |
|---|---|---|---|---|---|---|---|---|---|---|---|---|---|
| 뼈 | 공 | 게 | 기 | 봉 | 휴 | 가 | 기 | 혀 | 활 | 예 | 도 | 독 | 핑 |
| 구 | 야 | 고 | 식 | 림 | 낚 | 법 | 공 | 진 | 가 | 사 | 재 | 동 | 킹 |
| 전 | 물 | 대 | 진 | 이 | 게 | 도 | 시 | 활 | 활 | 렵 | 투 | 림 | 가 |
| 야 | 문 | 시 | 여 | 다 | 스 | 관 | 원 | 핑 | 즐 | 퍼 | 농 | 편 | 킹 |
| 투 | 퍼 | 가 | 임 | 스 | 시 | 낚 | 심 | 스 | 도 | 야 | 낚 | 게 | 여 |
| 하 | 농 | 평 | 팀 | 구 | 도 | 독 | 서 | 권 | 수 | 하 | 퍼 | 즐 | 법 |
| 이 | 공 | 낚 | 독 | 렵 | 뽐 | 마 | 낚 | 투 | 원 | 편 | 투 | 낚 | 봉 |
| 낚 | 림 | 서 | 사 | 절 | 무 | 덤 | 활 | 이 | 식 | 관 | 도 | 수 | 낚 |
| 술 | 권 | 게 | 가 | 다 | 즐 | 다 | 법 | 이 | 야 | 캠 | 임 | 예 | 휴 |
| 문 | 원 | 퍼 | 캠 | 마 | 동 | 마 | 농 | 구 | 구 | 그 | 관 | 진 | 츠 |
| 명 | 뽐 | 사 | 사 | 식 | 농 | 캠 | 포 | 그 | 휴 | 즐 | 킹 | 즐 | 투 |
| 그 | 편 | 물 | 물 | 츠 | 교 | 수 | 후 | 손 | 구 | 공 | 렵 | 술 | 신 |
| 뽐 | 휴 | 술 | 유 | 서 | 포 | 화 | 석 | 핑 | 스 | 임 | 즐 | 캠 | 비 |

| | |
|---|---|
| 분석 | 화석 |
| 고대 | 신비 |
| 도기 | 사물 |
| 문명 | 교수 |
| 잊혀진 | 유물 |
| 후손 | 연구원 |
| 시대 | 무덤 |
| 전문가 | 평가 |

# 6 - Salute e Benessere #1

| 권 | 습 | 여 | 활 | 호 | 바 | 야 | 식 | 뺨 | 활 | 수 | 뺨 | 시 | 가 |
|---|---|---|---|---|---|---|---|---|---|---|---|---|---|
| 스 | 공 | 관 | 동 | 르 | 이 | 술 | 렵 | 기 | 예 | 츠 | 마 | 이 | 심 |
| 다 | 관 | 임 | 적 | 몬 | 러 | 다 | 휴 | 킹 | 치 | 료 | 휴 | 도 | 사 |
| 근 | 다 | 임 | 인 | 자 | 스 | 법 | 서 | 법 | 약 | 국 | 렵 | 심 | 포 |
| 육 | 낚 | 낚 | 술 | 세 | 굶 | 주 | 림 | 그 | 뺨 | 예 | 츠 | 그 | 술 |
| 심 | 수 | 마 | 임 | 골 | 즐 | 활 | 핑 | 림 | 활 | 림 | 원 | 야 | 동 |
| 렵 | 하 | 임 | 임 | 절 | 시 | 원 | 킹 | 심 | 핑 | 활 | 원 | 원 | 즐 |
| 수 | 신 | 퍼 | 스 | 렵 | 원 | 렵 | 편 | 공 | 농 | 사 | 림 | 낚 | 킹 |
| 게 | 경 | 여 | 낚 | 법 | 식 | 휴 | 식 | 춤 | 진 | 료 | 소 | 요 | 투 |
| 공 | 스 | 렵 | 수 | 사 | 농 | 기 | 원 | 임 | 킹 | 수 | 하 | 법 | 투 |
| 다 | 즐 | 심 | 서 | 퍼 | 박 | 키 | 킹 | 구 | 물 | 구 | 편 | 츠 | 뺨 |
| 피 | 부 | 핑 | 츠 | 동 | 테 | 포 | 임 | 그 | 임 | 도 | 이 | 그 | 가 |
| 수 | 마 | 권 | 수 | 서 | 리 | 시 | 야 | 술 | 핑 | 킹 | 반 | 시 | 킹 |
| 마 | 핑 | 편 | 포 | 물 | 아 | 원 | 마 | 임 | 사 | 여 | 퍼 | 사 | 의 |

| | |
|---|---|
| 습관 | 신경 |
| 활동적인 | 호르몬 |
| 박테리아 | 피부 |
| 진료소 | 자세 |
| 굶주림 | 반사 |
| 약국 | 휴식 |
| 골절 | 요법 |
| 의사 | 치료 |
| 근육 | 바이러스 |

# 7 - Aggettivi #1

| 임 | 관 | 사 | 여 | 야 | 재 | 동 | 순 | 마 | 시 | 야 | 캠 | 진 | 즐 |
|---|---|---|---|---|---|---|---|---|---|---|---|---|---|
| 술 | 대 | 투 | 진 | 관 | 하 | 수 | 수 | 그 | 동 | 다 | 퍼 | 농 | 식 |
| 퍼 | 한 | 현 | 대 | 관 | 농 | 원 | 한 | 얇 | 은 | 동 | 농 | 여 | 심 |
| 킹 | 중 | 림 | 어 | 물 | 스 | 사 | 시 | 편 | 관 | 술 | 식 | 식 | 기 |
| 심 | 귀 | 퍼 | 린 | 이 | 독 | 시 | 권 | 퍼 | 활 | 권 | 춤 | 그 | 림 |
| 여 | 무 | 거 | 운 | 즐 | 임 | 편 | 도 | 하 | 춤 | 권 | 림 | 시 | 관 |
| 동 | 마 | 식 | 투 | 핑 | 야 | 낚 | 사 | 게 | 야 | 킹 | 심 | 다 | 느 |
| 도 | 임 | 동 | 캠 | 도 | 하 | 예 | 거 | 대 | 한 | 거 | 창 | 한 | 린 |
| 여 | 편 | 낚 | 일 | 방 | 활 | 야 | 술 | 인 | 적 | 동 | 활 | 관 | 서 |
| 긴 | 완 | 투 | 활 | 향 | 하 | 렵 | 기 | 적 | 봉 | 핑 | 게 | 킹 | 원 |
| 게 | 편 | 벽 | 다 | 족 | 진 | 예 | 재 | 국 | 서 | 수 | 퍼 | 낚 | 킹 |
| 정 | 직 | 한 | 한 | 원 | 수 | 츠 | 게 | 이 | 중 | 캠 | 즐 | 도 | 휴 |
| 게 | 동 | 술 | 심 | 임 | 예 | 야 | 야 | 핑 | 요 | 진 | 핑 | 임 | 시 |
| 즐 | 포 | 동 | 술 | 예 | 퍼 | 관 | 뺌 | 편 | 즐 | 임 | 큰 | 게 | 사 |

거창한
방향족
예술적
순수한
활동적인
거대한
이국적인
관대 한
어린

동일
중요
느린
현대
정직한
완벽한
무거운
귀중한
얇은

# 8 - Geologia

| 술 | 스 | 구 | 간 | 용 | 산 | 화 | 야 | 스 | 술 | 화 | 영 | 지 | 렵 |
|---|---|---|---|---|---|---|---|---|---|---|---|---|---|
| 소 | 금 | 층 | 헐 | 암 | 호 | 뿜 | 독 | 그 | 수 | 순 | 석 | 진 | 게 |
| 예 | 낚 | 종 | 천 | 마 | 대 | 륙 | 공 | 낚 | 법 | 즐 | 서 | 다 | 퍼 |
| 가 | 예 | 유 | 츠 | 림 | 법 | 독 | 권 | 가 | 츠 | 물 | 법 | 즐 | 봉 |
| 핑 | 농 | 석 | 시 | 림 | 림 | 도 | 하 | 부 | 스 | 예 | 하 | 구 | 휴 |
| 핑 | 탄 | 술 | 편 | 마 | 다 | 하 | 법 | 식 | 임 | 농 | 크 | 렵 | 재 |
| 활 | 산 | 원 | 도 | 기 | 독 | 임 | 즐 | 야 | 즐 | 편 | 리 | 칼 | 관 |
| 편 | 수 | 고 | 원 | 게 | 다 | 권 | 예 | 기 | 서 | 스 | 스 | 관 | 숨 |
| 포 | 투 | 봉 | 여 | 도 | 마 | 투 | 돌 | 츠 | 시 | 다 | 탈 | 물 | 츠 |
| 독 | 춤 | 시 | 킹 | 가 | 물 | 그 | 술 | 사 | 심 | 게 | 수 | 즐 | 시 |
| 임 | 법 | 동 | 춤 | 야 | 마 | 도 | 투 | 농 | 동 | 편 | 술 | 법 | 게 |
| 원 | 봉 | 즐 | 즐 | 투 | 가 | 독 | 캠 | 재 | 뿜 | 동 | 굴 | 기 | 시 |
| 낚 | 임 | 투 | 여 | 식 | 가 | 식 | 구 | 하 | 편 | 스 | 캠 | 예 | 농 |
| 식 | 휴 | 게 | 춤 | 츠 | 츠 | 구 | 렵 | 렵 | 진 | 즐 | 마 | 관 | 게 |

| | |
|---|---|
| 고원 | 용암 |
| 칼슘 | 탄산수 |
| 동굴 | 석영 |
| 대륙 | 소금 |
| 산호 | 석순 |
| 크리스탈 | 종유석 |
| 부식 | 지진 |
| 화석 | 화산 |
| 간헐천 | |

# 9 - Campeggio

| 모 | 험 | 카 | 누 | 동 | 술 | 해 | 공 | 재 | 진 | 자 | 모 | 봉 | 진 |
|---|---|---|---|---|---|---|---|---|---|---|---|---|---|
| 나 | 무 | 재 | 기 | 활 | 투 | 스 | 먹 | 술 | 술 | 연 | 츠 | 공 | 구 |
| 마 | 여 | 킹 | 법 | 포 | 산 | 재 | 퍼 | 캐 | 텐 | 트 | 지 | 도 | 독 |
| 킹 | 권 | 도 | 캠 | 공 | 동 | 미 | 하 | 빈 | 농 | 춤 | 재 | 동 | 술 |
| 술 | 낚 | 서 | 봉 | 수 | 수 | 림 | 여 | 예 | 봉 | 재 | 물 | 법 | 캠 |
| 임 | 서 | 동 | 구 | 예 | 낚 | 권 | 사 | 여 | 기 | 서 | 법 | 퍼 | 진 |
| 곤 | 휴 | 동 | 즐 | 스 | 진 | 하 | 법 | 서 | 재 | 뿜 | 투 | 시 | 하 |
| 불 | 충 | 달 | 수 | 렵 | 게 | 진 | 가 | 낚 | 기 | 법 | 핑 | 봉 | 법 |
| 구 | 임 | 즐 | 포 | 뿜 | 시 | 독 | 도 | 밧 | 봉 | 봉 | 퍼 | 투 | 서 |
| 도 | 나 | 침 | 반 | 공 | 투 | 호 | 수 | 줄 | 도 | 하 | 마 | 마 | 권 |
| 관 | 농 | 구 | 야 | 휴 | 스 | 투 | 여 | 도 | 츠 | 진 | 재 | 게 | 공 |
| 물 | 동 | 물 | 공 | 휴 | 술 | 수 | 활 | 즐 | 활 | 낚 | 법 | 킹 | 가 |
| 마 | 관 | 시 | 식 | 하 | 림 | 킹 | 진 | 법 | 림 | 식 | 권 | 구 | 관 |
| 휴 | 기 | 활 | 봉 | 핑 | 시 | 마 | 권 | 즐 | 스 | 공 | 뿜 | 숲 | 시 |

나무
해먹
동물
모험
나침반
캐빈
수렵
카누

모자
밧줄
재미
곤충
호수
지도
자연
텐트

# 10 - Arti Visive

| | | | | | | | | | | | | |
|---|---|---|---|---|---|---|---|---|---|---|---|---|
| 구 | 춤 | 예 | 포 | 물 | 츠 | 동 | 숯 | 기 | 이 | 스 | 예 | 펜 | 도 |
| 투 | 봉 | 활 | 재 | 농 | 농 | 권 | 활 | 야 | 공 | 핑 | 기 | 공 | 원 |
| 임 | 그 | 임 | 마 | 기 | 수 | 야 | 그 | 진 | 츠 | 독 | 예 | 술 | 가 |
| 츠 | 필 | 관 | 걸 | 작 | 식 | 캠 | 바 | 가 | 휴 | 마 | 진 | 연 | 마 |
| 재 | 게 | 름 | 점 | 초 | 상 | 화 | 니 | 춤 | 점 | 투 | 스 | 필 | 재 |
| 물 | 그 | 임 | 킹 | 재 | 도 | 가 | 시 | 독 | 토 | 게 | 기 | 여 | 화 |
| 심 | 식 | 게 | 재 | 시 | 편 | 게 | 공 | 핑 | 핑 | 낚 | 야 | 마 | 가 |
| 춤 | 술 | 여 | 분 | 예 | 렵 | 캠 | 도 | 진 | 사 | 서 | 낚 | 식 | 퍼 |
| 임 | 구 | 성 | 필 | 봉 | 재 | 임 | 춤 | 그 | 사 | 동 | 렵 | 휴 | 심 |
| 서 | 진 | 의 | 식 | 권 | 포 | 식 | 서 | 하 | 퍼 | 독 | 도 | 기 | 건 |
| 춤 | 낚 | 창 | 조 | 각 | 술 | 관 | 관 | 낚 | 법 | 야 | 다 | 동 | 축 |
| 스 | 동 | 활 | 법 | 시 | 사 | 수 | 포 | 구 | 술 | 여 | 가 | 재 | 학 |
| 텐 | 포 | 도 | 사 | 진 | 관 | 식 | 하 | 밀 | 춤 | 서 | 기 | 활 | 구 |
| 실 | 예 | 투 | 도 | 기 | 낚 | 포 | 재 | 랍 | 심 | 츠 | 춤 | 관 | 독 |

| | |
|---|---|
| 건축학 | 필름 |
| 점토 | 사진 |
| 예술가 | 분필 |
| 걸작 | 연필 |
| 화가 | 관점 |
| 밀랍 | 초상화 |
| 도기 | 조각 |
| 구성 | 스텐실 |
| 창의성 | 바니시 |

# 11 - Tempo

| 어 | 제 | 달 | 재 | 기 | 구 | 심 | 재 | 기 | 핑 | 봉 | 캠 | 독 | 여 |
|---|---|---|---|---|---|---|---|---|---|---|---|---|---|
| 하 | 심 | 력 | 핑 | 심 | 포 | 동 | 원 | 진 | 사 | 곧 | 렵 | 진 | 렵 |
| 진 | 심 | 봉 | 림 | 수 | 하 | 핑 | 후 | 사 | 킹 | 관 | 즐 | 스 | 포 |
| 춤 | 독 | 원 | 미 | 래 | 심 | 뽐 | 농 | 기 | 스 | 스 | 포 | 스 | 렵 |
| 츠 | 사 | 법 | 춤 | 킹 | 시 | 임 | 시 | 이 | 킹 | 활 | 투 | 캠 | 휴 |
| 그 | 투 | 이 | 낚 | 야 | 독 | 원 | 법 | 시 | 독 | 킹 | 다 | 게 | 식 |
| 편 | 투 | 법 | 휴 | 그 | 다 | 임 | 물 | 계 | 츠 | 법 | 원 | 다 | 시 |
| 물 | 기 | 림 | 스 | 독 | 이 | 렵 | 구 | 심 | 뽐 | 법 | 퍼 | 권 | 예 |
| 도 | 렵 | 즐 | 게 | 년 | 세 | 기 | 낚 | 예 | 사 | 봉 | 게 | 주 | 식 |
| 그 | 물 | 투 | 봉 | 십 | 이 | 퍼 | 정 | 편 | 월 | 연 | 오 | 늘 | 분 |
| 캠 | 시 | 즐 | 원 | 술 | 권 | 츠 | 오 | 술 | 독 | 간 | 츠 | 츠 | 동 |
| 킹 | 활 | 도 | 진 | 츠 | 공 | 도 | 낚 | 아 | 킹 | 시 | 도 | 전 | 츠 |
| 밤 | 재 | 뽐 | 편 | 봉 | 이 | 원 | 킹 | 침 | 법 | 술 | 독 | 게 | 에 |
| 일 | 여 | 가 | 하 | 츠 | 가 | 사 | 스 | 술 | 물 | 원 | 그 | 식 | 야 |

| | |
|---|---|
| 연간 | 정오 |
| 달력 | 오늘 |
| 십년 | 시간 |
| 미래 | 시계 |
| 어제 | 전에 |
| 아침 | 세기 |

# 12 - Astronomia

| 퍼 | 스 | 술 | 봉 | 하 | 야 | 물 | 원 | 뽐 | 휴 | 독 | 성 | 유 | 마 |
|---|---|---|---|---|---|---|---|---|---|---|---|---|---|
| 뽐 | 핑 | 춘 | 술 | 림 | 그 | 가 | 봉 | 기 | 렵 | 춤 | 운 | 퍼 | 공 |
| 핑 | 춤 | 즐 | 분 | 야 | 소 | 행 | 성 | 중 | 력 | 다 | 게 | 스 | 이 |
| 구 | 림 | 스 | 전 | 망 | 대 | 술 | 행 | 여 | 여 | 공 | 초 | 여 | 포 |
| 사 | 퍼 | 공 | 방 | 로 | 켓 | 캠 | 별 | 스 | 낚 | 캠 | 시 | 신 | 서 |
| 야 | 낚 | 수 | 림 | 사 | 다 | 법 | 자 | 춤 | 여 | 휴 | 공 | 시 | 성 |
| 그 | 원 | 편 | 농 | 편 | 진 | 도 | 리 | 망 | 원 | 경 | 원 | 다 | 예 |
| 핑 | 관 | 렵 | 재 | 하 | 코 | 권 | 가 | 우 | 주 | 비 | 행 | 사 | 법 |
| 핑 | 임 | 투 | 기 | 늘 | 스 | 독 | 하 | 킹 | 우 | 퍼 | 투 | 수 | 림 |
| 킹 | 물 | 다 | 서 | 활 | 모 | 하 | 이 | 춤 | 임 | 게 | 기 | 임 | 핑 |
| 봉 | 시 | 술 | 스 | 봉 | 스 | 다 | 재 | 동 | 동 | 기 | 사 | 은 | 마 |
| 춤 | 지 | 그 | 포 | 다 | 공 | 원 | 여 | 하 | 법 | 농 | 그 | 하 | 예 |
| 수 | 구 | 렵 | 핑 | 가 | 재 | 하 | 수 | 물 | 활 | 구 | 스 | 마 | 뽐 |
| 여 | 츠 | 달 | 천 | 문 | 학 | 자 | 다 | 그 | 법 | 이 | 스 | 진 | 게 |

소행성
우주 비행사
천문학자
하늘
코스모스
별자리
춘분
은하
중력
유성

성운
전망대
행성
방사
로켓
초신성
망원경
지구
우주

# 13 - Algebra

| 해 | 무 | 활 | 수 | 분 | 물 | 사 | 스 | 임 | 독 | 뽐 | 마 | 원 | 츠 |
| 결 | 예 | 한 | 요 | 식 | 변 | 수 | 캠 | 멱 | 거 | 물 | 예 | 가 | 구 |
| 책 | 다 | 편 | 인 | 정 | 사 | 괄 | 호 | 지 | 짓 | 문 | 제 | 가 | 캠 |
| 양 | 봉 | 여 | 권 | 방 | 독 | 재 | 츠 | 수 | 여 | 그 | 투 | 사 | 즐 |
| 활 | 투 | 시 | 구 | 그 | 관 | 휴 | 법 | 도 | 킹 | 마 | 독 | 술 | 캠 |
| 기 | 서 | 핑 | 봉 | 래 | 영 | 임 | 활 | 휴 | 마 | 캠 | 구 | 동 | 게 |
| 다 | 물 | 예 | 물 | 프 | 포 | 형 | 시 | 시 | 독 | 구 | 편 | 구 | 여 |
| 행 | 구 | 단 | 진 | 법 | 원 | 야 | 편 | 심 | 그 | 도 | 캠 | 농 | 도 |
| 렬 | 캠 | 순 | 재 | 퍼 | 도 | 그 | 게 | 기 | 도 | 관 | 다 | 임 | 농 |
| 기 | 도 | 화 | 공 | 구 | 수 | 활 | 마 | 기 | 진 | 원 | 낚 | 법 | 독 |
| 휴 | 포 | 술 | 마 | 핑 | 예 | 농 | 법 | 동 | 심 | 도 | 캠 | 킹 | 예 |
| 낚 | 독 | 수 | 봉 | 권 | 예 | 구 | 뽐 | 술 | 술 | 표 | 봉 | 림 | 가 |
| 게 | 도 | 그 | 이 | 가 | 봉 | 기 | 편 | 심 | 재 | 렵 | 활 | 봉 | 킹 |
| 야 | 다 | 심 | 술 | 즐 | 도 | 빼 | 기 | 심 | 게 | 스 | 재 | 봉 | 뽐 |

| | |
|---|---|
| 도표 | 선형 |
| 방정식 | 행렬 |
| 멱지수 | 괄호 |
| 거짓 | 문제 |
| 요인 | 단순화 |
| 수식 | 해결책 |
| 분수 | 빼기 |
| 그래프 | 변수 |
| 무한 | |

# 14 - Mitologia

| 불 | 사 | 마 | 관 | 그 | 그 | 활 | 물 | 핑 | 질 | 투 | 원 | 신 | 마 |
|---|---|---|---|---|---|---|---|---|---|---|---|---|---|
| 행 | 동 | 법 | 킹 | 술 | 관 | 캠 | 천 | 하 | 춤 | 공 | 형 | 농 | 즐 |
| 공 | 스 | 의 | 물 | 뿜 | 식 | 천 | 킹 | 둥 | 야 | 다 | 뿜 | 낚 | 츠 |
| 원 | 구 | 캠 | 그 | 여 | 복 | 마 | 문 | 화 | 도 | 수 | 신 | 미 | 궁 |
| 심 | 츠 | 즐 | 편 | 마 | 수 | 기 | 권 | 해 | 캠 | 가 | 념 | 권 | 술 |
| 생 | 츠 | 전 | 독 | 야 | 시 | 휴 | 권 | 번 | 림 | 원 | 츠 | 원 | 뿜 |
| 동 | 물 | 사 | 봉 | 야 | 뿜 | 캠 | 독 | 개 | 킹 | 가 | 재 | 법 | 동 |
| 진 | 킹 | 원 | 공 | 동 | 춤 | 영 | 다 | 힘 | 그 | 하 | 사 | 캠 | 동 |
| 킹 | 춤 | 렵 | 독 | 창 | 조 | 웅 | 킹 | 원 | 괴 | 물 | 술 | 구 | 관 |
| 게 | 도 | 서 | 스 | 야 | 법 | 츠 | 독 | 힘 | 서 | 다 | 춤 | 도 | 스 |
| 예 | 림 | 농 | 술 | 농 | 사 | 원 | 수 | 원 | 하 | 투 | 식 | 진 | 가 |
| 즐 | 활 | 활 | 야 | 츠 | 춤 | 스 | 마 | 사 | 물 | 원 | 가 | 이 | 이 |
| 이 | 법 | 사 | 야 | 권 | 여 | 캠 | 재 | 식 | 다 | 투 | 가 | 예 | 전 |
| 야 | 예 | 여 | 츠 | 예 | 농 | 관 | 활 | 원 | 서 | 퍼 | 이 | 농 | 설 |

원형
행동
생물
창조
신념
문화재해
영웅
번개

질투
전사
불사
미궁
전설
마법의
괴물
천둥
복수

# 15 - Piante

스 여 퍼 츠 동 동 편 휴 술 정 원 하 편 그
수 농 성 장 하 다 물 야 동 원 법 즐 핑 활
예 킹 투 인 법 아 게 예 투 권 마 이 원 심
구 림 마 선 춤 잎 이 료 재 퍼 즐 관 끼 활
활 활 나 무 핑 휴 독 비 춤 농 봉 농 예 구
봉 원 스 렵 렵 야 마 봉 수 재 퍼 서 동 동
뽐 휴 편 이 예 초 렵 포 수 핑 활 예 원 임
스 캠 낚 춤 활 목 사 렵 진 퍼 휴 낚 봉 야
낚 츠 동 게 수 하 캠 서 캠 플 로 라 숲 심
대 나 무 마 법 스 휴 캠 여 낚 봉 임 도 콩
퍼 퍼 베 리 식 춤 기 뽐 수 꽃 퍼 편 다 활
하 가 게 뿌 시 투 식 물 학 잎 부 시 이 포
퍼 포 시 가 잔 디 식 뽐 퍼 기 낚 뽐 킹 예
가 농 농 독 게 가 예 야 진 즐 농 심 이 핑

| | |
|---|---|
| 나무 | 잔디 |
| 베리 | 비료 |
| 대나무 | 플로라 |
| 식물학 | 정원 |
| 선인장 | 이끼 |
| 부시 | 꽃잎 |
| 성장하다 | 뿌리 |
| 아이비 | 초목 |

# 16 - Spezie

| | | | | | | | | | | | | | |
|---|---|---|---|---|---|---|---|---|---|---|---|---|---|
| 심 | 회 | 게 | 야 | 마 | 권 | 바 | 즐 | 봉 | 커 | 춤 | 육 | 법 | 진 |
| 황 | 소 | 향 | 가 | 법 | 늘 | 닐 | 편 | 스 | 민 | 다 | 두 | 킹 | 임 |
| 편 | 금 | 쓴 | 게 | 춤 | 진 | 라 | 달 | 콤 | 한 | 양 | 구 | 공 | 츠 |
| 법 | 시 | 투 | 예 | 관 | 진 | 휴 | 그 | 활 | 활 | 파 | 재 | 다 | 킹 |
| 투 | 기 | 쁨 | 춤 | 핑 | 여 | 림 | 가 | 마 | 렵 | 후 | 캠 | 식 | 권 |
| 봉 | 원 | 법 | 투 | 렵 | 이 | 기 | 낚 | 즐 | 독 | 추 | 다 | 진 | 물 |
| 림 | 식 | 캠 | 가 | 마 | 쁨 | 포 | 퍼 | 레 | 카 | 수 | 술 | 식 | 캠 |
| 핑 | 예 | 그 | 감 | 관 | 활 | 포 | 구 | 수 | 르 | 편 | 식 | 마 | 파 |
| 사 | 프 | 란 | 초 | 동 | 동 | 퍼 | 가 | 렵 | 다 | 춤 | 이 | 농 | 프 |
| 퍼 | 림 | 기 | 구 | 재 | 물 | 활 | 스 | 심 | 몸 | 아 | 니 | 스 | 리 |
| 농 | 하 | 가 | 기 | 휴 | 구 | 하 | 낚 | 핑 | 재 | 즐 | 포 | 생 | 카 |
| 핑 | 원 | 활 | 재 | 하 | 동 | 계 | 여 | 포 | 춤 | 가 | 법 | 강 | 캠 |
| 퍼 | 예 | 가 | 물 | 시 | 식 | 피 | 농 | 다 | 활 | 법 | 심 | 낚 | 하 |
| 츠 | 하 | 예 | 사 | 킹 | 이 | 렵 | 술 | 핑 | 진 | 고 | 수 | 풀 | 킹 |

| | |
|---|---|
| 마늘 | 회향 |
| 아니스 | 감초 |
| 계피 | 육두구 |
| 카르다몸 | 파프리카 |
| 양파 | 후추 |
| 고수풀 | 소금 |
| 커민 | 바닐라 |
| 심황 | 사프란 |
| 카레 | 생강 |
| 달콤한 | |

| 독 | 물 | 영 | 춤 | 휴 | 임 | 낚 | 투 | 스 | 물 | 수 | 팔 | 캠 | 예 |
| 렵 | 츠 | 기 | 춤 | 진 | 뿜 | 뿜 | 이 | 수 | 진 | 십 | 다 | 춤 |
| 구 | 식 | 예 | 물 | 투 | 심 | 원 | 츠 | 물 | 캠 | 술 | 예 | 낚 | 예 |
| 포 | 핑 | 구 | 동 | 수 | 심 | 도 | 게 | 여 | 스 | 츠 | 봉 | 뿜 | 농 |
| 식 | 야 | 여 | 덟 | 홉 | 아 | 열 | 다 | 섯 | 다 | 스 | 농 | 낚 | 츠 |
| 독 | 농 | 렵 | 즐 | 식 | 포 | 농 | 열 | 예 | 츠 | 활 | 두 | 가 | 임 |
| 즐 | 마 | 일 | 킹 | 법 | 휴 | 술 | 셋 | 투 | 술 | 핑 | 열 | 즐 | 킹 |
| 하 | 진 | 곱 | 일 | 열 | 십 | 사 | 춤 | 휴 | 수 | 도 | 림 | 게 | 즐 |
| 권 | 킹 | 사 | 구 | 서 | 게 | 원 | 여 | 여 | 다 | 삼 | 수 | 여 | 렵 |
| 기 | 공 | 공 | 기 | 원 | 공 | 게 | 권 | 림 | 봉 | 활 | 기 | 핑 | 예 |
| 술 | 도 | 진 | 활 | 킹 | 재 | 재 | 이 | 관 | 예 | 심 | 재 | 그 | 관 |
| 가 | 춤 | 핑 | 관 | 포 | 식 | 스 | 틴 | 여 | 농 | 권 | 동 | 술 | 독 |
| 스 | 편 | 활 | 아 | 휴 | 관 | 마 | 심 | 섯 | 이 | 뿜 | 도 | 기 | 관 |
| 츠 | 투 | 동 | 홉 | 퍼 | 그 | 수 | 휴 | 동 | 임 | 물 | 진 | 포 | 물 |

다섯
십진수
열아홉
열일곱
십팔
열두
아홉
여덟

십사
열 다섯
식스틴
여섯
일곱
열셋
스물

# 18 - Cioccolato

| 캐 | 러 | 멜 | 마 | 투 | 식 | 가 | 술 | 품 | 질 | 성 | 재 | 사 | 림 |
|---|---|---|---|---|---|---|---|---|---|---|---|---|---|
| 맛 | 낚 | 즐 | 하 | 달 | 콤 | 한 | 이 | 농 | 활 | 렵 | 분 | 탕 | 춤 |
| 있 | 식 | 코 | 스 | 물 | 하 | 식 | 국 | 임 | 핑 | 야 | 뽐 | 장 | 츠 |
| 는 | 독 | 동 | 코 | 휴 | 임 | 서 | 적 | 츠 | 물 | 림 | 원 | 인 | 낚 |
| 여 | 렵 | 구 | 심 | 넛 | 낚 | 식 | 인 | 쓴 | 재 | 원 | 물 | 편 | 갈 |
| 맛 | 설 | 탕 | 뽐 | 츠 | 가 | 공 | 이 | 예 | 관 | 뽐 | 뽐 | 임 | 망 |
| 낚 | 여 | 술 | 수 | 구 | 루 | 재 | 림 | 동 | 수 | 편 | 스 | 봉 | 렵 |
| 휴 | 낚 | 즐 | 사 | 구 | 캠 | 도 | 다 | 카 | 편 | 스 | 편 | 임 | 게 |
| 포 | 구 | 여 | 예 | 관 | 게 | 봉 | 렵 | 카 | 항 | 산 | 화 | 제 | 핑 |
| 즐 | 좋 | 아 | 하 | 는 | 츠 | 동 | 활 | 오 | 술 | 술 | 서 | 여 | 봉 |
| 기 | 술 | 킹 | 예 | 투 | 술 | 독 | 물 | 술 | 림 | 원 | 서 | 뽐 | 낚 |
| 예 | 즐 | 농 | 퍼 | 칼 | 로 | 리 | 림 | 게 | 핑 | 기 | 활 | 활 | 퍼 |
| 여 | 봉 | 심 | 구 | 물 | 여 | 원 | 투 | 레 | 시 | 피 | 활 | 봉 | 술 |
| 땅 | 콩 | 구 | 서 | 권 | 포 | 사 | 농 | 진 | 임 | 예 | 수 | 캠 | 즐 |

| | |
|---|---|
| 항산화제 | 달콤한 |
| 땅콩 | 이국적인 |
| 장인 | 성분 |
| 갈망 | 코코넛 |
| 카카오 | 가루 |
| 칼로리 | 좋아하는 |
| 사탕 | 품질 |
| 캐러멜 | 레시피 |
| 맛있는 | 설탕 |

# 19 - Guida

| 투 | 봉 | 스 | 식 | 동 | 오 | 편 | 활 | 술 | 핑 | 브 | 위 | 농 | 독 |
|---|---|---|---|---|---|---|---|---|---|---|---|---|---|
| 그 | 이 | 가 | 그 | 츠 | 토 | 퍼 | 핑 | 다 | 원 | 레 | 험 | 법 | 포 |
| 즐 | 야 | 시 | 활 | 마 | 바 | 다 | 수 | 그 | 법 | 이 | 버 | 사 | 그 |
| 렵 | 퍼 | 포 | 술 | 예 | 이 | 즐 | 독 | 재 | 수 | 크 | 시 | 스 | 고 |
| 편 | 렵 | 여 | 게 | 퍼 | 킹 | 사 | 춤 | 낚 | 퍼 | 임 | 하 | 도 | 차 |
| 보 | 행 | 자 | 공 | 예 | 농 | 연 | 료 | 진 | 차 | 동 | 농 | 활 | 하 |
| 법 | 사 | 춤 | 게 | 술 | 뽐 | 권 | 식 | 투 | 관 | 시 | 구 | 수 | 사 |
| 렵 | 편 | 투 | 수 | 게 | 진 | 시 | 관 | 포 | 수 | 핑 | 진 | 독 | 가 |
| 교 | 통 | 안 | 전 | 낚 | 예 | 퍼 | 츠 | 킹 | 구 | 구 | 농 | 킹 | 활 |
| 핑 | 뽐 | 지 | 도 | 속 | 여 | 심 | 시 | 킹 | 캠 | 관 | 식 | 독 | 식 |
| 마 | 술 | 즐 | 독 | 편 | 도 | 가 | 춤 | 그 | 스 | 춤 | 동 | 농 | 물 |
| 진 | 츠 | 즐 | 킹 | 진 | 사 | 스 | 마 | 사 | 예 | 투 | 하 | 그 | 특 |
| 예 | 재 | 모 | 시 | 그 | 하 | 즐 | 봉 | 활 | 독 | 주 | 퍼 | 가 | 허 |
| 투 | 널 | 터 | 경 | 찰 | 도 | 로 | 춤 | 야 | 봉 | 의 | 휴 | 심 | 여 |

주의
버스
연료
브레이크
차고
가스
사고
특허
지도
오토바이

모터
보행자
위험
경찰
안전
도로
교통
터널
속도

| 도 | 독 | 캠 | 낚 | 예 | 법 | 농 | 인 | 개 | 봉 | 이 | 투 | 사 | 포 |
|---|---|---|---|---|---|---|---|---|---|---|---|---|---|
| 여 | 임 | 서 | 공 | 물 | 독 | 털 | 적 | 사 | 이 | 캠 | 서 | 포 | 사 |
| 게 | 하 | 술 | 식 | 시 | 즐 | 문 | 지 | 재 | 포 | 예 | 야 | 심 | 츠 |
| 사 | 림 | 식 | 여 | 물 | 통 | 신 | 라 | 디 | 오 | 편 | 공 | 공 | 의 |
| 물 | 관 | 투 | 활 | 서 | 림 | 태 | 사 | 림 | 재 | 춤 | 그 | 진 | 도 |
| 온 | 텔 | 레 | 비 | 전 | 킹 | 관 | 도 | 자 | 금 | 조 | 달 | 사 | 실 |
| 라 | 츠 | 쁨 | 권 | 포 | 농 | 낚 | 기 | 진 | 시 | 그 | 산 | 서 | 진 |
| 인 | 포 | 츠 | 광 | 서 | 츠 | 권 | 권 | 포 | 기 | 이 | 업 | 교 | 육 |
| 가 | 편 | 시 | 그 | 고 | 동 | 관 | 술 | 구 | 쁨 | 이 | 동 | 림 | 동 |
| 다 | 판 | 식 | 술 | 구 | 법 | 하 | 봉 | 포 | 낚 | 편 | 이 | 공 | 독 |
| 그 | 포 | 구 | 게 | 진 | 원 | 즐 | 핑 | 심 | 게 | 식 | 의 | 이 | 야 |
| 봉 | 활 | 즐 | 법 | 하 | 독 | 활 | 봉 | 츠 | 권 | 하 | 견 | 동 | 편 |
| 림 | 컬 | 봉 | 물 | 킹 | 활 | 구 | 사 | 수 | 스 | 식 | 다 | 물 | 즐 |
| 회 | 로 | 망 | 재 | 야 | 권 | 술 | 그 | 포 | 기 | 쁨 | 여 | 봉 | 춤 |

| | |
|---|---|
| 태도 | 산업 |
| 광고 | 지적인 |
| 통신 | 로컬 |
| 디지털 | 온라인 |
| 교육 | 의견 |
| 사실 | 공공의 |
| 자금 조달 | 라디오 |
| 사진 | 회로망 |
| 신문 | 텔레비전 |
| 개인 | |

# 21 - Sport

| 시 | 재 | 몸 | 림 | 칭 | 법 | 야 | 여 | 임 | 퍼 | 법 | 춤 | 림 | 휴 |
|---|---|---|---|---|---|---|---|---|---|---|---|---|---|
| 봉 | 뽐 | 여 | 스 | 레 | 핑 | 사 | 동 | 퍼 | 권 | 농 | 야 | 임 | 스 |
| 코 | 렵 | 골 | 포 | 트 | 어 | 이 | 다 | 법 | 서 | 심 | 낚 | 물 | 렵 |
| 다 | 치 | 예 | 츠 | 스 | 수 | 클 | 심 | 독 | 물 | 술 | 가 | 그 | 서 |
| 농 | 동 | 다 | 렵 | 근 | 육 | 링 | 술 | 춤 | 원 | 뼈 | 도 | 스 | 편 |
| 낚 | 관 | 식 | 즐 | 편 | 림 | 권 | 권 | 게 | 다 | 춤 | 핑 | 캠 | 게 |
| 시 | 춤 | 여 | 편 | 편 | 권 | 선 | 수 | 능 | 력 | 구 | 지 | 영 | 동 |
| 물 | 그 | 공 | 임 | 활 | 츠 | 원 | 가 | 휴 | 최 | 대 | 화 | 양 | 이 |
| 뽐 | 림 | 서 | 하 | 투 | 임 | 사 | 야 | 스 | 휴 | 가 | 심 | 가 | 사 |
| 퍼 | 츠 | 스 | 재 | 시 | 공 | 스 | 프 | 퍼 | 츠 | 사 | 서 | 스 | 뽐 |
| 여 | 편 | 즐 | 즐 | 물 | 여 | 독 | 로 | 마 | 가 | 수 | 권 | 게 | 농 |
| 캠 | 법 | 술 | 게 | 법 | 핑 | 캠 | 그 | 서 | 그 | 공 | 동 | 물 | 이 |
| 술 | 조 | 여 | 투 | 독 | 수 | 건 | 램 | 힘 | 그 | 춤 | 진 | 권 | 여 |
| 공 | 핑 | 깅 | 캠 | 구 | 식 | 강 | 야 | 낚 | 그 | 야 | 진 | 하 | 도 |

코치
선수
능력
사이클링
다이어트
조깅
최대화

근육
영양
프로그램
지구력
건강
스포츠
스트레칭

# 22 - Uccelli

| 퍼 | 임 | 캠 | 도 | 휴 | 핑 | 가 | 술 | 시 | 포 | 권 | 기 | 낚 | 여 |
|---|---|---|---|---|---|---|---|---|---|---|---|---|---|
| 시 | 렵 | 킹 | 츠 | 하 | 투 | 임 | 타 | 그 | 기 | 물 | 춤 | 퍼 | 구 |
| 다 | 독 | 권 | 독 | 이 | 식 | 봉 | 포 | 조 | 렵 | 플 | 라 | 밍 | 고 |
| 하 | 예 | 봉 | 야 | 핑 | 서 | 활 | 펭 | 백 | 렵 | 여 | 활 | 마 | 임 |
| 뽐 | 게 | 봉 | 권 | 야 | 림 | 렵 | 황 | 권 | 공 | 진 | 진 | 농 | 핑 |
| 낚 | 가 | 야 | 임 | 공 | 퍼 | 포 | 새 | 렵 | 기 | 포 | 도 | 게 | 캠 |
| 심 | 야 | 마 | 닭 | 그 | 하 | 투 | 리 | 춤 | 낚 | 즐 | 렵 | 마 | 춤 |
| 거 | 위 | 계 | 란 | 식 | 심 | 게 | 부 | 여 | 독 | 휴 | 공 | 퍼 | 낚 |
| 휴 | 서 | 림 | 앵 | 펠 | 스 | 식 | 게 | 봉 | 춤 | 춤 | 작 | 진 | 봉 |
| 독 | 수 | 리 | 무 | 리 | 예 | 진 | 야 | 가 | 퍼 | 헤 | 론 | 스 | 진 |
| 킹 | 술 | 오 | 새 | 컨 | 재 | 야 | 가 | 춤 | 심 | 핑 | 관 | 하 | 뽐 |
| 야 | 구 | 도 | 참 | 사 | 캠 | 킹 | 퍼 | 수 | 즐 | 식 | 캠 | 낚 | 다 |
| 매 | 활 | 도 | 그 | 심 | 림 | 츠 | 야 | 법 | 기 | 공 | 편 | 핑 | 심 |
| 포 | 뻐 | 꾸 | 기 | 매 | 갈 | 원 | 비 | 둘 | 기 | 편 | 편 | 즐 | 포 |

| | |
|---|---|
| 헤론 | 앵무새 |
| 오리 | 참새 |
| 독수리 | 공작 |
| 황새 | 펠리컨 |
| 백조 | 비둘기 |
| 뻐꾸기 | 펭귄 |
| 플라밍고 | 타조 |
| 갈매기 | 부리새 |
| 거위 | 계란 |

# 23 - Casa

| 서 | 캠 | 구 | 휴 | 츠 | 원 | 도 | 다 | 수 | 권 | 시 | 낚 | 관 | 투 |
|---|---|---|---|---|---|---|---|---|---|---|---|---|---|
| 문 | 퍼 | 임 | 다 | 독 | 벽 | 관 | 서 | 도 | 술 | 재 | 뺌 | 츠 | 춤 |
| 공 | 깔 | 울 | 타 | 리 | 마 | 바 | 비 | 꼭 | 포 | 도 | 진 | 춤 | 심 |
| 재 | 심 | 개 | 거 | 차 | 고 | 닥 | 붕 | 지 | 하 | 가 | 독 | 여 | 하 |
| 하 | 낚 | 야 | 울 | 편 | 원 | 퍼 | 캠 | 술 | 식 | 진 | 츠 | 게 | 물 |
| 농 | 임 | 춤 | 춤 | 사 | 시 | 림 | 구 | 심 | 야 | 식 | 퍼 | 농 | 술 |
| 춤 | 봉 | 야 | 야 | 원 | 시 | 권 | 독 | 법 | 서 | 렵 | 천 | 심 | 게 |
| 도 | 마 | 휴 | 정 | 하 | 게 | 램 | 프 | 관 | 즐 | 물 | 림 | 장 | 임 |
| 공 | 샤 | 도 | 법 | 원 | 야 | 렵 | 야 | 이 | 예 | 휴 | 킹 | 핑 | 구 |
| 봉 | 워 | 츠 | 독 | 술 | 활 | 가 | 게 | 즐 | 편 | 재 | 동 | 투 | 부 |
| 여 | 사 | 뺌 | 술 | 그 | 이 | 원 | 춤 | 림 | 림 | 식 | 재 | 서 | 억 |
| 킹 | 술 | 스 | 원 | 술 | 진 | 핑 | 춤 | 시 | 독 | 츠 | 림 | 술 | 관 |
| 시 | 원 | 야 | 봉 | 수 | 핑 | 그 | 사 | 권 | 임 | 즐 | 그 | 난 | 여 |
| 핑 | 농 | 수 | 임 | 방 | 예 | 창 | 구 | 애 | 틱 | 야 | 독 | 로 | 야 |

애틱
도서관
난로
부엌
샤워
차고
정원
램프

바닥
울타리
수도꼭지
천장
거울
깔개
지붕

# 24 - Fantascienza

| 권 | 상 | 츠 | 가 | 기 | 퍼 | 츠 | 재 | 도 | 야 | 마 | 춤 | 원 | 진 |
|---|---|---|---|---|---|---|---|---|---|---|---|---|---|
| 봉 | 상 | 포 | 츠 | 킹 | 책 | 공 | 야 | 낚 | 심 | 예 | 술 | 임 | 편 |
| 기 | 의 | 즐 | 식 | 기 | 진 | 뽐 | 로 | 봇 | 식 | 식 | 서 | 스 | 포 |
| 낚 | 투 | 도 | 시 | 도 | 구 | 편 | 심 | 퍼 | 영 | 사 | 권 | 마 | 예 |
| 재 | 심 | 디 | 스 | 토 | 피 | 아 | 기 | 술 | 하 | 화 | 캠 | 가 | 림 |
| 포 | 원 | 원 | 게 | 캠 | 원 | 피 | 시 | 활 | 여 | 킹 | 츠 | 심 | 여 |
| 포 | 다 | 다 | 즐 | 인 | 자 | 토 | 수 | 캠 | 즐 | 도 | 가 | 퍼 | 임 |
| 신 | 비 | 한 | 그 | 적 | 동 | 유 | 즐 | 낚 | 은 | 퍼 | 포 | 게 | 관 |
| 독 | 이 | 낚 | 환 | 상 | 투 | 진 | 구 | 식 | 하 | 캠 | 다 | 핑 | 편 |
| 공 | 법 | 이 | 농 | 환 | 도 | 마 | 공 | 도 | 캠 | 임 | 관 | 미 | 심 |
| 핑 | 낚 | 동 | 오 | 독 | 낚 | 관 | 동 | 세 | 렵 | 기 | 폭 | 래 | 예 |
| 가 | 퍼 | 시 | 즐 | 라 | 론 | 활 | 심 | 계 | 식 | 림 | 대 | 발 | 활 |
| 즐 | 행 | 성 | 활 | 캠 | 클 | 불 | 법 | 즐 | 하 | 도 | 본 | 진 | 퍼 |
| 법 | 휴 | 춤 | 춤 | 렵 | 야 | 도 | 봉 | 림 | 게 | 술 | 퍼 | 투 | 서 |

원자
영화
클론
디스토피아
폭발
환상적인
미래
은하
환상

상상의
신비한
세계
오라클
행성
로봇
대본
기술
유토피아

# 25 - Città

| | | | | | | | | | | | | | |
|---|---|---|---|---|---|---|---|---|---|---|---|---|---|
| 캠 | 다 | 다 | 편 | 캠 | 동 | 다 | 이 | 임 | 대 | 하 | 봉 | 투 | 춤 |
| 춤 | 법 | 권 | 그 | 호 | 텔 | 박 | 가 | 킹 | 캠 | 학 | 투 | 도 | 진 |
| 서 | 하 | 예 | 농 | 술 | 점 | 가 | 물 | 식 | 서 | 술 | 물 | 춤 | 가 |
| 법 | 츠 | 즐 | 렵 | 도 | 서 | 관 | 봉 | 관 | 하 | 농 | 여 | 그 | 투 |
| 뿜 | 봉 | 임 | 공 | 휴 | 서 | 핑 | 야 | 서 | 이 | 권 | 심 | 원 | 춤 |
| 권 | 영 | 화 | 예 | 심 | 재 | 여 | 법 | 게 | 마 | 다 | 뿜 | 활 | 도 |
| 츠 | 춤 | 마 | 재 | 캠 | 학 | 교 | 술 | 캠 | 휴 | 기 | 이 | 즐 | 가 |
| 휴 | 동 | 뿜 | 독 | 서 | 빵 | 공 | 항 | 포 | 그 | 극 | 장 | 공 | 술 |
| 법 | 사 | 독 | 야 | 춤 | 집 | 활 | 활 | 약 | 식 | 공 | 시 | 봉 | 진 |
| 예 | 퍼 | 츠 | 농 | 심 | 권 | 원 | 렵 | 국 | 렵 | 슈 | 가 | 마 | 뿜 |
| 경 | 사 | 야 | 캠 | 편 | 야 | 가 | 재 | 공 | 예 | 퍼 | 야 | 여 | 수 |
| 휴 | 기 | 진 | 료 | 소 | 플 | 로 | 리 | 스 | 트 | 마 | 동 | 재 | 구 |
| 구 | 진 | 장 | 동 | 다 | 은 | 행 | 러 | 마 | 가 | 켓 | 물 | 여 | 예 |
| 관 | 도 | 낚 | 서 | 수 | 식 | 술 | 갤 | 시 | 게 | 재 | 원 | 공 | 활 |

공항
은행
도서관
영화
진료소
약국
플로리스트
갤러리
호텔
서점

시장
박물관
가게
빵집
학교
경기장
슈퍼마켓
극장
대학
동물원

# 26 - Fattoria #1

| 꿀 | 킹 | 술 | 농 | 포 | 핑 | 핑 | 법 | 무 | 벌 | 씨 | 앗 | 그 | 식 |
| 농 | 구 | 봉 | 업 | 봉 | 킹 | 도 | 독 | 춤 | 리 | 타 | 울 | 이 | 공 |
| 말 | 활 | 심 | 휴 | 시 | 하 | 야 | 동 | 즐 | 닭 | 비 | 료 | 농 | 서 |
| 수 | 소 | 활 | 림 | 림 | 관 | 도 | 투 | 사 | 여 | 츠 | 물 | 렵 | 캠 |
| 권 | 권 | 물 | 츠 | 쁨 | 마 | 캠 | 건 | 초 | 진 | 재 | 물 | 휴 | 원 |
| 게 | 렵 | 원 | 공 | 렵 | 권 | 캠 | 심 | 진 | 봉 | 편 | 농 | 수 | 원 |
| 물 | 게 | 공 | 킹 | 즐 | 사 | 즐 | 퍼 | 렵 | 재 | 임 | 심 | 원 | 법 |
| 쁨 | 수 | 권 | 야 | 원 | 수 | 렵 | 활 | 스 | 스 | 핑 | 법 | 스 | 캠 |
| 들 | 휴 | 임 | 마 | 동 | 그 | 사 | 캠 | 스 | 여 | 가 | 식 | 렵 | 림 |
| 그 | 활 | 물 | 야 | 권 | 염 | 독 | 법 | 휴 | 하 | 고 | 양 | 이 | 츠 |
| 그 | 당 | 나 | 귀 | 퍼 | 개 | 소 | 활 | 야 | 편 | 심 | 이 | 원 | 쌀 |
| 춤 | 진 | 쁨 | 농 | 예 | 이 | 게 | 스 | 스 | 여 | 봉 | 츠 | 물 | 공 |
| 구 | 휴 | 봉 | 다 | 돼 | 지 | 아 | 송 | 관 | 농 | 예 | 스 | 킹 | 이 |
| 가 | 렵 | 권 | 렵 | 법 | 법 | 술 | 편 | 낙 | 원 | 술 | 휴 | 농 | 술 |

| 농업 | 무리 |
| 당나귀 | 돼지 |
| 염소 | 울타리 |
| 비료 | 씨앗 |
| 건초 | 송아지 |
| 고양이 | |

# 27 - Psicologia

| 감 | 수 | 게 | 농 | 퍼 | 낚 | 식 | 야 | 구 | 진 | 임 | 편 | 하 | 킹 |
| 정 | 다 | 그 | 진 | 퍼 | 림 | 농 | 구 | 원 | 물 | 아 | 이 | 디 | 어 |
| 어 | 린 | 시 | 절 | 렵 | 수 | 하 | 가 | 도 | 뽐 | 자 | 그 | 하 | 사 |
| 요 | 이 | 스 | 약 | 하 | 그 | 춤 | 캠 | 여 | 문 | 제 | 하 | 여 | 포 |
| 법 | 스 | 감 | 속 | 경 | 마 | 렵 | 캠 | 기 | 권 | 평 | 가 | 행 | 동 |
| 스 | 낚 | 가 | 각 | 험 | 사 | 렵 | 봉 | 편 | 이 | 츠 | 츠 | 술 | 사 |
| 퍼 | 영 | 퍼 | 원 | 렵 | 킹 | 스 | 공 | 지 | 각 | 편 | 캠 | 물 | 사 |
| 그 | 향 | 게 | 이 | 물 | 핑 | 편 | 권 | 다 | 하 | 기 | 법 | 하 | 가 |
| 핑 | 츠 | 캠 | 여 | 사 | 다 | 퍼 | 이 | 생 | 편 | 캠 | 술 | 재 | 진 |
| 가 | 시 | 법 | 구 | 게 | 구 | 심 | 휴 | 농 | 각 | 게 | 캠 | 렵 | 렵 |
| 포 | 농 | 인 | 야 | 수 | 식 | 공 | 사 | 식 | 하 | 물 | 식 | 뽐 | 동 |
| 핑 | 재 | 공 | 격 | 예 | 춤 | 즐 | 뽐 | 가 | 권 | 휴 | 물 | 렵 | 편 |
| 임 | 상 | 기 | 츠 | 서 | 공 | 뽐 | 활 | 공 | 캠 | 갈 | 등 | 인 | 식 |
| 현 | 실 | 공 | 서 | 사 | 도 | 이 | 여 | 심 | 봉 | 무 | 의 | 식 | 게 |

| | |
|---|---|
| 약속 | 어린 시절 |
| 임상 | 영향 |
| 인식 | 생각 |
| 행동 | 지각 |
| 갈등 | 인격 |
| 자아 | 문제 |
| 감정 | 현실 |
| 경험 | 감각 |
| 아이디어 | 요법 |
| 무의식 | 평가 |

# 28 - Paesaggi

| | | | | | | | | | | | | | | |
|---|---|---|---|---|---|---|---|---|---|---|---|---|---|---|
| 오 | 아 | 시 | 스 | 여 | 핑 | 기 | 재 | 포 | 시 | 해 | 츠 | 골 | 권 | 뿜 |
| 진 | 독 | 림 | 법 | 기 | 굴 | 다 | 양 | 진 | 관 | 변 | 활 | 짜 | 재 | 투 |
| 늪 | 물 | 물 | 활 | 물 | 동 | 토 | 대 | 산 | 화 | 언 | 덕 | 기 | 바 | 뿜 |
| 재 | 공 | 그 | 공 | 퍼 | 킹 | 투 | 낚 | 서 | 도 | 킹 | 게 | 예 | 다 | 킹 |
| 포 | 핑 | 심 | 심 | 구 | 봉 | 수 | 야 | 공 | 봉 | 게 | 예 | 하 | 뿜 | 원 |
| 섬 | 림 | 춤 | 뿜 | 술 | 도 | 법 | 활 | 이 | 스 | 빙 | 하 | 강 | 권 | 원 |
| 핑 | 게 | 뿜 | 기 | 그 | 스 | 물 | 킹 | 재 | 기 | 법 | 강 | 서 | 스 | 법 |
| 빙 | 캠 | 법 | 시 | 공 | 구 | 퍼 | 킹 | 수 | 동 | 활 | 서 | 스 | 법 | 수 |
| 공 | 산 | 활 | 식 | 시 | 즐 | 활 | 편 | 핑 | 수 | 독 | 춤 | 즐 | 수 | 림 |
| 호 | 킹 | 관 | 야 | 킹 | 활 | 폭 | 포 | 반 | 도 | 동 | 게 | 심 | 림 | 즐 |
| 그 | 수 | 렵 | 야 | 관 | 낚 | 수 | 투 | 동 | 시 | 농 | 봉 | 활 | 간 | 렵 |
| 물 | 그 | 진 | 권 | 법 | 마 | 시 | 서 | 스 | 동 | 편 | 림 | 간 | 헐 | 킹 |
| 권 | 물 | 독 | 활 | 독 | 술 | 춤 | 림 | 여 | 편 | 사 | 킹 | 헐 | 킹 | 독 |
| 스 | 도 | 예 | 이 | 법 | 임 | 야 | 수 | 술 | 농 | 렵 | 막 | 천 | 독 | |

폭포
언덕
사막
간헐천
빙하
동굴
빙산
호수

바다
오아시스
대양
반도
해변
동토대
골짜기
화산

# 29 - Energia

| 원 | 농 | 여 | 봉 | 바 | 캠 | 림 | 편 | 림 | 봉 | 야 | 재 | 증 | 원 |
|---|---|---|---|---|---|---|---|---|---|---|---|---|---|
| 뻠 | 구 | 가 | 킹 | 람 | 법 | 수 | 농 | 투 | 동 | 림 | 즐 | 기 | 연 |
| 봉 | 물 | 관 | 열 | 낚 | 활 | 스 | 재 | 법 | 이 | 진 | 시 | 포 | 료 |
| 공 | 예 | 마 | 퍼 | 심 | 법 | 환 | 물 | 독 | 전 | 킹 | 독 | 관 | 캠 |
| 재 | 렵 | 마 | 마 | 활 | 관 | 경 | 투 | 시 | 즐 | 기 | 배 | 오 | 원 |
| 퍼 | 관 | 퍼 | 린 | 사 | 편 | 서 | 핵 | 활 | 렵 | 빈 | 터 | 염 | 가 |
| 퍼 | 물 | 핑 | 솔 | 렵 | 시 | 산 | 활 | 전 | 퍼 | 법 | 리 | 편 | 림 |
| 츠 | 재 | 생 | 가 | 능 | 관 | 업 | 도 | 도 | 자 | 수 | 관 | 뻠 | 수 |
| 하 | 법 | 농 | 술 | 다 | 춤 | 츠 | 편 | 춤 | 다 | 엔 | 다 | 도 | 독 |
| 즐 | 권 | 게 | 독 | 진 | 서 | 다 | 킹 | 가 | 수 | 트 | 스 | 법 | 술 |
| 스 | 야 | 림 | 하 | 렵 | 동 | 재 | 사 | 휴 | 스 | 로 | 림 | 캠 | 여 |
| 농 | 가 | 식 | 탄 | 디 | 젤 | 츠 | 퍼 | 법 | 렵 | 피 | 모 | 츠 | 낚 |
| 사 | 야 | 수 | 소 | 관 | 서 | 뻠 | 뻠 | 활 | 광 | 자 | 터 | 식 | 시 |
| 도 | 핑 | 소 | 심 | 수 | 다 | 포 | 츠 | 뻠 | 투 | 킹 | 킹 | 권 | 공 |

| | |
|---|---|
| 환경 | 광자 |
| 배터리 | 수소 |
| 가솔린 | 산업 |
| 탄소 | 오염 |
| 연료 | 모터 |
| 디젤 | 재생 가능 |
| 전기 | 터빈 |
| 전자 | 증기 |
| 엔트로피 | 바람 |

| 편 | 샐 | 수 | 프 | 마 | 뻠 | 투 | 전 | 저 | 여 | 관 | 과 | 마 | 다 |
|---|---|---|---|---|---|---|---|---|---|---|---|---|---|
| 식 | 물 | 러 | 웨 | 이 | 터 | 마 | 채 | 녁 | 사 | 구 | 일 | 그 | 야 |
| 농 | 마 | 서 | 드 | 활 | 림 | 스 | 술 | 식 | 예 | 구 | 서 | 물 | 서 |
| 술 | 킹 | 춤 | 그 | 공 | 핑 | 여 | 휴 | 사 | 퍼 | 투 | 투 | 식 | 심 |
| 소 | 채 | 킹 | 진 | 술 | 포 | 봉 | 야 | 활 | 음 | 얼 | 편 | 공 | 법 |
| 포 | 금 | 권 | 구 | 동 | 동 | 활 | 스 | 사 | 료 | 휴 | 임 | 활 | 의 |
| 크 | 기 | 야 | 즐 | 술 | 야 | 관 | 수 | 물 | 봉 | 게 | 투 | 법 | 자 |
| 투 | 술 | 원 | 원 | 활 | 기 | 원 | 예 | 포 | 물 | 킹 | 점 | 가 | 식 |
| 향 | 신 | 료 | 게 | 기 | 고 | 도 | 캠 | 케 | 이 | 크 | 물 | 심 | 농 |
| 하 | 임 | 휴 | 식 | 휴 | 물 | 편 | 구 | 숟 | 다 | 권 | 편 | 그 | 림 |
| 맛 | 있 | 는 | 술 | 구 | 림 | 편 | 권 | 가 | 사 | 재 | 식 | 봉 | 춤 |
| 기 | 심 | 그 | 수 | 사 | 구 | 사 | 하 | 락 | 하 | 이 | 다 | 야 | 권 |
| 서 | 식 | 시 | 츠 | 봉 | 렵 | 동 | 킹 | 퍼 | 이 | 야 | 즐 | 림 | 게 |
| 식 | 즐 | 즐 | 하 | 즐 | 예 | 예 | 진 | 관 | 임 | 사 | 활 | 다 | 림 |

| | |
|---|---|
| 전채 | 샐러드 |
| 음료 | 수프 |
| 웨이터 | 물고기 |
| 저녁 식사 | 점심 |
| 숟가락 | 소금 |
| 맛있는 | 의자 |
| 포크 | 향신료 |
| 과일 | 케이크 |
| 얼음 | 채소 |

# 31 - Moda

| 편 | 스 | 미 | 식 | 예 | 농 | 사 | 겸 | 조 | 물 | 캠 | 즐 | 림 | 구 |
|---|---|---|---|---|---|---|---|---|---|---|---|---|---|
| 다 | 법 | 구 | 니 | 춤 | 심 | 재 | 손 | 직 | 예 | 그 | 활 | 다 | 서 |
| 공 | 시 | 시 | 사 | 멀 | 현 | 대 | 한 | 경 | 향 | 수 | 진 | 마 | 스 |
| 츠 | 그 | 여 | 도 | 정 | 리 | 권 | 즐 | 재 | 시 | 예 | 야 | 포 | 활 |
| 물 | 캠 | 림 | 게 | 교 | 츠 | 스 | 이 | 레 | 스 | 예 | 재 | 그 | 서 |
| 법 | 권 | 농 | 공 | 한 | 독 | 즐 | 트 | 진 | 타 | 농 | 원 | 본 | 법 |
| 핑 | 츠 | 법 | 포 | 즐 | 관 | 마 | 측 | 정 | 일 | 물 | 투 | 여 | 진 |
| 술 | 다 | 퍼 | 비 | 낚 | 투 | 하 | 도 | 술 | 투 | 법 | 임 | 봉 | 권 |
| 도 | 수 | 술 | 싼 | 그 | 권 | 버 | 원 | 다 | 게 | 하 | 진 | 봉 | 투 |
| 가 | 진 | 렵 | 게 | 자 | 즐 | 튼 | 편 | 공 | 수 | 권 | 공 | 법 | 이 |
| 부 | 휴 | 춤 | 편 | 술 | 수 | 투 | 권 | 다 | 스 | 핑 | 진 | 식 | 관 |
| 식 | 티 | 투 | 우 | 마 | 서 | 여 | 심 | 수 | 사 | 포 | 시 | 가 | 퍼 |
| 휴 | 사 | 크 | 아 | 이 | 예 | 도 | 여 | 무 | 늬 | 다 | 투 | 봉 | 킹 |
| 의 | 류 | 재 | 한 | 실 | 용 | 적 | 인 | 재 | 봉 | 간 | 단 | 한 | 심 |

의류
부티크
비싼
우아한
미니멀리스트
측정
무늬
현대
겸손한
원본

레이스
실용적인
버튼
자수
간단한
정교한
스타일
경향
조직

# 32 - Giardino

| 물 | 야 | 림 | 킹 | 투 | 임 | 렵 | 물 | 벤 | 권 | 하 | 마 | 농 | 바 |
|---|---|---|---|---|---|---|---|---|---|---|---|---|---|
| 시 | 삽 | 마 | 뿜 | 토 | 양 | 편 | 마 | 술 | 치 | 농 | 공 | 구 | 위 |
| 진 | 여 | 캠 | 낚 | 츠 | 스 | 투 | 렵 | 캠 | 기 | 구 | 뿜 | 사 | 심 |
| 포 | 시 | 뿜 | 활 | 포 | 편 | 울 | 차 | 고 | 야 | 낚 | 예 | 원 | 편 |
| 핑 | 갈 | 퀴 | 투 | 서 | 독 | 타 | 그 | 포 | 수 | 림 | 테 | 라 | 스 |
| 물 | 츠 | 잡 | 편 | 마 | 트 | 리 | 춤 | 도 | 심 | 잔 | 관 | 예 | 정 |
| 야 | 기 | 초 | 술 | 하 | 램 | 재 | 공 | 봉 | 원 | 포 | 디 | 진 | 원 |
| 도 | 즐 | 동 | 편 | 관 | 폴 | 재 | 서 | 재 | 츠 | 임 | 기 | 마 | 수 |
| 재 | 진 | 도 | 나 | 무 | 린 | 권 | 법 | 편 | 퍼 | 마 | 부 | 구 | 과 |
| 물 | 캠 | 재 | 호 | 스 | 해 | 연 | 꽃 | 하 | 여 | 뿜 | 시 | 낚 | 이 |
| 포 | 농 | 여 | 독 | 원 | 먹 | 못 | 원 | 츠 | 편 | 편 | 핑 | 서 | 편 |
| 킹 | 현 | 법 | 춤 | 가 | 심 | 포 | 활 | 시 | 포 | 진 | 관 | 림 | 렵 |
| 퍼 | 관 | 기 | 뿜 | 원 | 춤 | 야 | 공 | 그 | 마 | 활 | 킹 | 춤 | 봉 |
| 법 | 렵 | 게 | 법 | 도 | 관 | 권 | 핑 | 술 | 구 | 구 | 이 | 야 | 기 |

| | |
|---|---|
| 나무 | 현관 |
| 해먹 | 갈퀴 |
| 부시 | 울타리 |
| 잔디 | 바위 |
| 잡초 | 연못 |
| 과수원 | 토양 |
| 차고 | 테라스 |
| 정원 | 트램폴린 |
| 벤치 | 호스 |

# 33 - Frutta

| 구 | 뺌 | 봉 | 사 | 권 | 천 | 도 | 수 | 뺌 | 복 | 레 | 몬 | 스 | 야 |
|---|---|---|---|---|---|---|---|---|---|---|---|---|---|
| 사 | 이 | 망 | 고 | 파 | 도 | 포 | 게 | 기 | 숭 | 춤 | 술 | 춤 | 봉 |
| 사 | 춤 | 베 | 춤 | 인 | 복 | 기 | 낚 | 츠 | 아 | 편 | 스 | 사 | 공 |
| 뺌 | 법 | 리 | 라 | 애 | 숭 | 심 | 진 | 투 | 다 | 투 | 물 | 재 | 기 |
| 사 | 과 | 법 | 즈 | 플 | 아 | 진 | 가 | 낚 | 사 | 뺌 | 식 | 그 | 농 |
| 공 | 야 | 츠 | 베 | 사 | 파 | 가 | 스 | 임 | 마 | 하 | 자 | 두 | 가 |
| 바 | 나 | 나 | 리 | 농 | 파 | 투 | 공 | 즐 | 시 | 활 | 살 | 이 | 가 |
| 봉 | 킹 | 임 | 퍼 | 독 | 야 | 스 | 법 | 하 | 스 | 멜 | 뺌 | 구 | 다 |
| 블 | 배 | 임 | 법 | 도 | 츠 | 야 | 하 | 원 | 아 | 론 | 재 | 공 | 구 |
| 휴 | 랙 | 휴 | 여 | 즐 | 투 | 포 | 뺌 | 사 | 구 | 보 | 이 | 춤 | 예 |
| 춤 | 권 | 베 | 원 | 즐 | 물 | 시 | 동 | 야 | 게 | 다 | 카 | 림 | 법 |
| 오 | 렌 | 지 | 리 | 캠 | 권 | 스 | 도 | 체 | 리 | 임 | 사 | 도 | 권 |
| 게 | 낚 | 진 | 캠 | 림 | 식 | 다 | 서 | 다 | 츠 | 포 | 키 | 위 | 농 |
| 렵 | 스 | 예 | 관 | 춤 | 기 | 시 | 스 | 핑 | 식 | 임 | 즐 | 식 | 낚 |

| | |
|---|---|
| 살구 | 망고 |
| 파인애플 | 사과 |
| 오렌지 | 멜론 |
| 아보카도 | 블랙베리 |
| 베리 | 천도 복숭아 |
| 바나나 | 파파야 |
| 체리 | 복숭아 |
| 키위 | 자두 |
| 라즈베리 | 포도 |
| 레몬 | |

# 34 - Fattoria #2

| 일 | 편 | 투 | 핑 | 휴 | 심 | 뿔 | 뿔 | 원 | 춤 | 퍼 | 여 | 원 | 캠 |
| 과 | 수 | 원 | 여 | 기 | 고 | 양 | 그 | 렵 | 게 | 구 | 농 | 림 | 목 |
| 농 | 편 | 재 | 시 | 시 | 낚 | 림 | 마 | 스 | 기 | 하 | 마 | 가 | 초 |
| 원 | 즐 | 독 | 관 | 퍼 | 여 | 시 | 다 | 농 | 트 | 림 | 농 | 부 | 지 |
| 관 | 핑 | 낚 | 물 | 기 | 도 | 권 | 사 | 캠 | 랙 | 즐 | 서 | 퍼 | 하 |
| 활 | 개 | 낚 | 야 | 음 | 그 | 임 | 핑 | 춤 | 터 | 사 | 마 | 우 | 유 |
| 사 | 투 | 휴 | 봉 | 식 | 옥 | 식 | 포 | 투 | 그 | 물 | 서 | 진 | 활 |
| 포 | 독 | 동 | 서 | 법 | 수 | 가 | 그 | 편 | 오 | 림 | 진 | 식 | 스 |
| 투 | 즐 | 법 | 가 | 예 | 수 | 임 | 공 | 포 | 법 | 리 | 핑 | 퍼 | 게 |
| 독 | 스 | 킹 | 밀 | 예 | 편 | 가 | 임 | 활 | 도 | 동 | 헛 | 라 | 마 |
| 하 | 낚 | 물 | 포 | 스 | 즐 | 림 | 진 | 다 | 권 | 물 | 목 | 간 | 봉 |
| 시 | 구 | 스 | 도 | 킹 | 가 | 물 | 게 | 술 | 서 | 가 | 자 | 벌 | 재 |
| 캠 | 스 | 동 | 독 | 시 | 물 | 보 | 리 | 다 | 핑 | 렵 | 식 | 집 | 거 |
| 휴 | 독 | 법 | 핑 | 기 | 이 | 법 | 그 | 하 | 법 | 예 | 포 | 활 | 위 |

양고기
농부
벌집
오리
동물
음식
헛간
과일
과수원

관개
라마
우유
옥수수
거위
보리
목자
목초지
트랙터

# 35 - Verdure

| 봉 | 권 | 재 | 물 | 춤 | 물 | 활 | 봉 | 수 | 캠 | 쁨 | 권 | 수 | 즐 |
|---|---|---|---|---|---|---|---|---|---|---|---|---|---|
| 농 | 야 | 순 | 무 | 관 | 퍼 | 법 | 완 | 동 | 낚 | 하 | 투 | 도 | 낚 |
| 서 | 동 | 농 | 편 | 쁨 | 렵 | 가 | 두 | 핑 | 당 | 근 | 그 | 낚 | 핑 |
| 봉 | 게 | 퍼 | 사 | 캠 | 야 | 심 | 콩 | 스 | 진 | 즐 | 봉 | 식 | 킹 |
| 사 | 술 | 하 | 진 | 오 | 농 | 수 | 법 | 다 | 독 | 하 | 편 | 사 | 도 |
| 심 | 즐 | 즐 | 춤 | 츠 | 이 | 식 | 법 | 츠 | 생 | 강 | 핑 | 춤 | 다 |
| 브 | 로 | 콜 | 리 | 토 | 마 | 토 | 공 | 다 | 이 | 야 | 춤 | 마 | 가 |
| 농 | 하 | 기 | 슬 | 무 | 활 | 동 | 도 | 구 | 춤 | 임 | 기 | 도 | 예 |
| 권 | 임 | 활 | 파 | 가 | 투 | 가 | 즐 | 춤 | 물 | 버 | 봉 | 동 | 임 |
| 편 | 감 | 수 | 여 | 지 | 하 | 여 | 권 | 동 | 기 | 섯 | 포 | 게 | 재 |
| 마 | 자 | 마 | 리 | 춤 | 물 | 관 | 쁨 | 술 | 임 | 서 | 법 | 구 | 재 |
| 투 | 늘 | 샐 | 러 | 드 | 게 | 식 | 예 | 동 | 재 | 게 | 시 | 활 | 캠 |
| 퍼 | 야 | 캠 | 셀 | 시 | 퍼 | 림 | 봉 | 물 | 게 | 게 | 금 | 양 | 파 |
| 다 | 호 | 박 | 샬 | 롯 | 임 | 야 | 아 | 티 | 초 | 크 | 치 | 춤 | 서 |

| | |
|---|---|
| 마늘 | 완두콩 |
| 브로콜리 | 토마토 |
| 아티초크 | 파슬리 |
| 당근 | 순무 |
| 오이 | 샬롯 |
| 양파 | 셀러리 |
| 버섯 | 시금치 |
| 샐러드 | 생강 |
| 가지 | 호박 |
| 감자 | |

# 36 - Musica

| 재 | 물 | 편 | 츠 | 동 | 림 | 물 | 즐 | 법 | 심 | 구 | 물 | 서 | 기 |
|---|---|---|---|---|---|---|---|---|---|---|---|---|---|
| 게 | 다 | 동 | 캠 | 심 | 다 | 예 | 합 | 진 | 뺌 | 구 | 진 | 정 | 예 |
| 고 | 조 | 파 | 도 | 재 | 춤 | 휴 | 창 | 킹 | 킹 | 예 | 낚 | 적 | 렵 |
| 그 | 기 | 술 | 림 | 퍼 | 예 | 구 | 뺌 | 술 | 시 | 사 | 다 | 시 | 마 |
| 오 | 페 | 라 | 구 | 속 | 보 | 컬 | 킹 | 공 | 스 | 서 | 임 | 원 | 재 |
| 춤 | 법 | 스 | 멜 | 도 | 휴 | 농 | 식 | 킹 | 농 | 게 | 핑 | 봉 | 하 |
| 음 | 기 | 이 | 로 | 리 | 뺌 | 렵 | 편 | 가 | 서 | 츠 | 시 | 권 | 동 |
| 녹 | 악 | 서 | 디 | 듬 | 뮤 | 시 | 공 | 림 | 츠 | 포 | 기 | 가 | 림 |
| 츠 | 구 | 가 | 그 | 심 | 예 | 지 | 식 | 민 | 봉 | 서 | 수 | 술 | 독 |
| 사 | 마 | 이 | 크 | 공 | 술 | 독 | 컬 | 요 | 임 | 하 | 조 | 권 | 즐 |
| 수 | 활 | 렵 | 캠 | 포 | 공 | 봉 | 앨 | 범 | 뺌 | 기 | 관 | 화 | 구 |
| 노 | 래 | 물 | 이 | 독 | 가 | 농 | 관 | 서 | 하 | 원 | 뺌 | 퍼 | 활 |
| 고 | 그 | 진 | 임 | 기 | 진 | 가 | 수 | 림 | 사 | 수 | 술 | 구 | 권 |
| 전 | 낚 | 림 | 법 | 츠 | 독 | 하 | 이 | 공 | 낚 | 렵 | 사 | 춤 | 사 |

| | |
|---|---|
| 앨범 | 마이크 |
| 조화 | 뮤지컬 |
| 고조파 | 음악가 |
| 민요 | 오페라 |
| 가수 | 시적 |
| 노래 | 녹음 |
| 고전 | 리듬 |
| 합창 | 악기 |
| 서정적 | 속도 |
| 멜로디 | 보컬 |

# 37 - Barbecue

| 점 | 심 | 그 | 림 | 양 | 휴 | 샐 | 러 | 드 | 렵 | 식 | 킹 | 서 | 사 |
|---|---|---|---|---|---|---|---|---|---|---|---|---|---|
| 기 | 이 | 후 | 권 | 파 | 츠 | 렵 | 하 | 핑 | 독 | 게 | 물 | 퍼 | 동 |
| 진 | 뺌 | 굶 | 추 | 투 | 임 | 권 | 캠 | 도 | 하 | 캠 | 편 | 다 | 춤 |
| 공 | 원 | 주 | 법 | 이 | 재 | 재 | 휴 | 시 | 츠 | 여 | 휴 | 공 | 물 |
| 과 | 일 | 림 | 편 | 공 | 게 | 임 | 법 | 식 | 마 | 즐 | 여 | 재 | 칼 |
| 동 | 휴 | 포 | 구 | 술 | 법 | 심 | 독 | 임 | 물 | 관 | 름 | 토 | 킹 |
| 봉 | 휴 | 예 | 휴 | 재 | 농 | 편 | 독 | 가 | 낚 | 토 | 마 | 관 | 공 |
| 야 | 포 | 식 | 법 | 농 | 림 | 음 | 독 | 가 | 서 | 게 | 예 | 기 | 심 |
| 기 | 그 | 퍼 | 하 | 심 | 동 | 투 | 가 | 악 | 예 | 법 | 봉 | 휴 | 즐 |
| 동 | 릴 | 재 | 다 | 진 | 하 | 핑 | 법 | 법 | 독 | 활 | 식 | 관 | 츠 |
| 뜨 | 거 | 운 | 가 | 족 | 재 | 뺌 | 권 | 스 | 여 | 예 | 독 | 동 | 독 |
| 예 | 닭 | 예 | 퍼 | 동 | 퍼 | 마 | 휴 | 동 | 소 | 스 | 렵 | 물 | 춤 |
| 스 | 구 | 음 | 식 | 저 | 녁 | 식 | 사 | 재 | 마 | 농 | 초 | 대 | 공 |
| 림 | 재 | 즐 | 기 | 구 | 마 | 마 | 원 | 소 | 금 | 킹 | 물 | 하 | 하 |

뜨거운  
저녁 식사  
음식  
양파  
여름  
굶주림  
가족  
과일  
게임  

그릴  
샐러드  
초대  
음악  
후추  
토마토  
점심  
소금  
소스

# 38 - Fisica

| 포 | 동 | 편 | 야 | 뽐 | 포 | 가 | 진 | 가 | 재 | 진 | 사 | 관 | 그 |
|---|---|---|---|---|---|---|---|---|---|---|---|---|---|
| 농 | 농 | 농 | 도 | 농 | 스 | 구 | 츠 | 수 | 투 | 휴 | 츠 | 다 | 마 |
| 캠 | 심 | 가 | 혼 | 진 | 핑 | 킹 | 춤 | 이 | 포 | 재 | 엔 | 진 | 독 |
| 분 | 자 | 속 | 돈 | 편 | 물 | 예 | 자 | 렵 | 구 | 술 | 다 | 독 | 화 |
| 스 | 입 | 진 | 서 | 임 | 동 | 임 | 마 | 기 | 킹 | 원 | 다 | 독 | 학 |
| 상 | 대 | 성 | 물 | 공 | 식 | 츠 | 투 | 그 | 원 | 자 | 시 | 마 | 역 |
| 도 | 임 | 원 | 핑 | 춤 | 게 | 렵 | 여 | 중 | 서 | 뽐 | 그 | 투 | 서 |
| 투 | 캠 | 동 | 심 | 재 | 봉 | 봉 | 관 | 그 | 력 | 술 | 스 | 킹 | 공 |
| 수 | 림 | 빈 | 퍼 | 진 | 공 | 봉 | 봉 | 사 | 여 | 가 | 술 | 수 | 뽐 |
| 도 | 스 | 그 | 도 | 속 | 캠 | 농 | 휴 | 동 | 다 | 스 | 도 | 서 | 여 |
| 낚 | 서 | 휴 | 밀 | 봉 | 투 | 물 | 심 | 권 | 농 | 편 | 기 | 핵 | 활 |
| 야 | 진 | 휴 | 도 | 춤 | 킹 | 마 | 가 | 스 | 물 | 가 | 핑 | 춤 | 서 |
| 법 | 봉 | 식 | 확 | 마 | 독 | 도 | 이 | 춤 | 포 | 농 | 예 | 예 | 투 |
| 핑 | 변 | 수 | 장 | 핑 | 진 | 마 | 낚 | 임 | 심 | 독 | 하 | 전 | 자 |

가속
원자
혼돈
화학
밀도
전자
확장
수식
빈도
가스

중력
자기
역학
분자
엔진
입자
상대성
변수
속도

# 39 - Erboristeria

| 휴 | 그 | 식 | 수 | 파 | 슬 | 리 | 요 | 녹 | 재 | 츠 | 재 | 원 | 법 |
|---|---|---|---|---|---|---|---|---|---|---|---|---|---|
| 권 | 도 | 농 | 가 | 재 | 예 | 진 | 식 | 색 | 츠 | 예 | 품 | 사 | 게 |
| 마 | 독 | 포 | 구 | 즐 | 킹 | 술 | 포 | 핑 | 수 | 재 | 질 | 민 | 가 |
| 즐 | 꽃 | 활 | 사 | 동 | 그 | 다 | 시 | 투 | 기 | 리 | 바 | 트 | 임 |
| 농 | 가 | 게 | 심 | 여 | 농 | 공 | 게 | 정 | 동 | 마 | 늘 | 권 | 춤 |
| 임 | 원 | 포 | 구 | 편 | 예 | 그 | 시 | 사 | 원 | 즈 | 여 | 기 | 이 |
| 물 | 봉 | 타 | 식 | 즐 | 림 | 임 | 방 | 야 | 구 | 로 | 물 | 림 | 이 |
| 식 | 관 | 라 | 라 | 벤 | 더 | 즐 | 이 | 향 | 사 | 프 | 란 | 포 | 퍼 |
| 독 | 츠 | 곤 | 이 | 스 | 수 | 여 | 식 | 리 | 족 | 림 | 예 | 예 | 츠 |
| 뽐 | 식 | 임 | 휴 | 딜 | 킹 | 시 | 식 | 백 | 진 | 마 | 즐 | 원 | 림 |
| 투 | 춤 | 캠 | 독 | 뽐 | 투 | 핑 | 그 | 서 | 스 | 조 | 독 | 마 | 독 |
| 진 | 수 | 여 | 예 | 오 | 레 | 가 | 노 | 성 | 분 | 람 | 렵 | 활 | 공 |
| 물 | 예 | 동 | 하 | 퍼 | 렵 | 법 | 여 | 낚 | 농 | 독 | 춤 | 편 | 공 |
| 회 | 향 | 구 | 춤 | 식 | 기 | 봉 | 봉 | 가 | 그 | 심 | 동 | 농 | 원 |

마늘
방향족
바질
요리
타라곤
회향
정원
성분
라벤더

마조람
민트
오레가노
파슬리
품질
로즈마리
백리향
녹색
사프란

# 40 - Danza

| 핑 | 이 | 임 | 춤 | 킹 | 여 | 캠 | 파 | 농 | 가 | 법 | 임 | 여 | 원 |
| 동 | 캠 | 핑 | 도 | 관 | 기 | 음 | 농 | 트 | 운 | 동 | 츠 | 예 | 동 |
| 공 | 예 | 술 | 그 | 핑 | 가 | 악 | 시 | 각 | 너 | 그 | 사 | 포 | 안 |
| 독 | 농 | 진 | 춤 | 도 | 임 | 임 | 다 | 독 | 농 | 활 | 휴 | 식 | 무 |
| 핑 | 스 | 농 | 츠 | 뽐 | 도 | 예 | 관 | 자 | 세 | 렵 | 재 | 원 | 식 |
| 몸 | 권 | 하 | 도 | 진 | 리 | 원 | 학 | 원 | 다 | 마 | 마 | 기 | 봉 |
| 킹 | 문 | 화 | 츠 | 도 | 허 | 권 | 봉 | 리 | 스 | 도 | 퍼 | 즐 | 구 |
| 예 | 수 | 즐 | 거 | 운 | 설 | 투 | 이 | 기 | 듬 | 시 | 스 | 물 | 킹 |
| 여 | 관 | 공 | 렵 | 심 | 공 | 권 | 공 | 심 | 물 | 권 | 마 | 원 | 춤 |
| 은 | 원 | 마 | 캠 | 식 | 독 | 하 | 이 | 하 | 퍼 | 도 | 수 | 뽐 | 술 |
| 혜 | 이 | 봉 | 투 | 캠 | 춤 | 캠 | 게 | 춤 | 물 | 나 | 시 | 법 | 독 |
| 스 | 츠 | 독 | 독 | 게 | 휴 | 사 | 전 | 츠 | 시 | 타 | 서 | 재 | 림 |
| 편 | 공 | 감 | 정 | 시 | 활 | 게 | 고 | 통 | 독 | 내 | 동 | 활 | 서 |
| 마 | 뽐 | 수 | 사 | 사 | 봉 | 물 | 동 | 다 | 적 | 는 | 봉 | 수 | 법 |

학원                   은혜
예술                   운동
고전                   음악
파트너                 자세
안무                   리허설
문화                   리듬
감정                   전통적
나타내는               시각
즐거운

# 41 - Attività Commerciale

| 활 | 금 | 휴 | 휴 | 춤 | 낚 | 핑 | 동 | 게 | 하 | 활 | 렵 | 활 | 하 |
|---|---|---|---|---|---|---|---|---|---|---|---|---|---|
| 독 | 다 | 융 | 원 | 게 | 즐 | 재 | 마 | 수 | 이 | 직 | 그 | 포 | 심 |
| 그 | 림 | 권 | 다 | 킹 | 독 | 법 | 술 | 여 | 휴 | 원 | 공 | 츠 | 시 |
| 원 | 판 | 진 | 진 | 할 | 캠 | 물 | 임 | 법 | 마 | 경 | 캠 | 킹 | 술 |
| 봉 | 매 | 림 | 법 | 인 | 수 | 식 | 투 | 돈 | 서 | 제 | 게 | 구 | 휴 |
| 술 | 이 | 익 | 가 | 핑 | 게 | 권 | 이 | 봉 | 심 | 학 | 봉 | 투 | 경 |
| 예 | 고 | 용 | 주 | 거 | 포 | 관 | 비 | 활 | 편 | 게 | 농 | 하 | 력 |
| 산 | 통 | 스 | 가 | 래 | 킹 | 수 | 용 | 츠 | 마 | 하 | 렵 | 소 | 낚 |
| 휴 | 시 | 화 | 게 | 게 | 스 | 가 | 활 | 농 | 상 | 투 | 편 | 득 | 기 |
| 도 | 마 | 포 | 가 | 농 | 공 | 독 | 공 | 원 | 품 | 수 | 휴 | 물 | 그 |
| 도 | 예 | 포 | 즐 | 투 | 자 | 장 | 구 | 야 | 진 | 야 | 예 | 게 | 서 |
| 동 | 시 | 예 | 진 | 그 | 킹 | 투 | 구 | 사 | 림 | 봉 | 공 | 사 | 편 |
| 수 | 관 | 술 | 휴 | 하 | 권 | 회 | 진 | 서 | 시 | 도 | 예 | 다 | 재 |
| 도 | 캠 | 심 | 그 | 실 | 무 | 사 | 마 | 츠 | 재 | 봉 | 이 | 스 | 공 |

예산
경력
비용
고용주
직원
경제학
공장
금융
투자
상품

가게
이익
소득
할인
회사
거래
사무실
통화
판매

# 42 - Fiori

| 야 | 관 | 투 | 이 | 킹 | 구 | 구 | 기 | 라 | 바 | 해 | 독 | 가 | 도 |
|---|---|---|---|---|---|---|---|---|---|---|---|---|---|
| 튤 | 원 | 동 | 여 | 예 | 사 | 동 | 진 | 벤 | 여 | 다 | 수 | 이 | 물 |
| 낚 | 립 | 포 | 킹 | 시 | 마 | 여 | 법 | 더 | 투 | 투 | 휴 | 법 | 킹 |
| 원 | 구 | 재 | 관 | 농 | 시 | 기 | 진 | 포 | 양 | 난 | 법 | 게 | 구 |
| 라 | 일 | 락 | 구 | 예 | 도 | 가 | 식 | 즐 | 귀 | 활 | 초 | 재 | 퍼 |
| 물 | 게 | 예 | 투 | 예 | 심 | 편 | 낚 | 법 | 비 | 예 | 가 | 가 | 춤 |
| 츠 | 마 | 수 | 원 | 임 | 법 | 재 | 즐 | 독 | 발 | 다 | 꽃 | 진 | 기 |
| 뽐 | 사 | 선 | 이 | 사 | 심 | 동 | 데 | 이 | 지 | 시 | 잎 | 하 | 서 |
| 휴 | 뽐 | 화 | 재 | 즐 | 퍼 | 심 | 스 | 봉 | 게 | 사 | 수 | 편 | 독 |
| 사 | 휴 | 임 | 림 | 원 | 그 | 낚 | 클 | 임 | 도 | 목 | 투 | 포 | 림 |
| 물 | 림 | 백 | 합 | 스 | 투 | 캠 | 로 | 춤 | 수 | 련 | 스 | 휴 | 민 |
| 장 | 미 | 치 | 자 | 휴 | 마 | 도 | 버 | 봉 | 민 | 림 | 스 | 모 | 들 |
| 독 | 투 | 가 | 이 | 하 | 게 | 권 | 히 | 비 | 스 | 커 | 스 | 란 | 레 |
| 플 | 루 | 메 | 리 | 아 | 다 | 법 | 시 | 봉 | 재 | 재 | 뽐 | 예 | 마 |

| | |
|---|---|
| 민들레 | 꽃다발 |
| 치자 | 수선화 |
| 재스민 | 난초 |
| 백합 | 양귀비 |
| 해바라기 | 모란 |
| 히비스커스 | 꽃잎 |
| 라벤더 | 플루메리아 |
| 라일락 | 장미 |
| 목련 | 클로버 |
| 데이지 | 튤립 |

# 43 - Filantropia

| 원 | 뺌 | 스 | 원 | 이 | 재 | 춤 | 마 | 시 | 자 | 연 | 구 | 정 | 직 |
|---|---|---|---|---|---|---|---|---|---|---|---|---|---|
| 금 | 융 | 물 | 기 | 그 | 술 | 독 | 휴 | 권 | 임 | 선 | 락 | 츠 | 원 |
| 목 | 킹 | 마 | 재 | 스 | 시 | 렵 | 휴 | 재 | 봉 | 수 | 물 | 처 | 식 |
| 식 | 표 | 청 | 소 | 년 | 림 | 서 | 뺌 | 예 | 여 | 농 | 포 | 도 | 전 |
| 동 | 사 | 뺌 | 마 | 권 | 킹 | 활 | 다 | 역 | 농 | 림 | 이 | 기 | 물 |
| 림 | 구 | 서 | 츠 | 글 | 활 | 핑 | 농 | 사 | 캠 | 관 | 즐 | 포 | 여 |
| 퍼 | 필 | 요 | 포 | 로 | 투 | 츠 | 핑 | 뺌 | 여 | 킹 | 활 | 임 | 구 |
| 츠 | 이 | 츠 | 공 | 벌 | 야 | 수 | 식 | 츠 | 명 | 사 | 람 | 들 | 임 |
| 캠 | 자 | 금 | 공 | 그 | 스 | 수 | 게 | 뺌 | 다 | 식 | 예 | 사 | 다 |
| 봉 | 퍼 | 독 | 의 | 룹 | 재 | 캠 | 이 | 물 | 동 | 예 | 포 | 농 | 봉 |
| 수 | 편 | 수 | 활 | 포 | 진 | 공 | 시 | 술 | 이 | 가 | 물 | 봉 | 어 |
| 기 | 수 | 뺌 | 커 | 뮤 | 니 | 티 | 인 | 킹 | 야 | 킹 | 그 | 캠 | 린 |
| 킹 | 관 | 게 | 그 | 시 | 핑 | 임 | 류 | 진 | 편 | 킹 | 퍼 | 동 | 이 |
| 킹 | 대 | 임 | 가 | 구 | 프 | 로 | 그 | 램 | 츠 | 뺌 | 춤 | 시 | 투 |

| | |
|---|---|
| 어린이 | 그룹 |
| 필요 | 사명 |
| 자선 | 목표 |
| 커뮤니티 | 정직 |
| 연락처 | 사람들 |
| 금융 | 프로그램 |
| 자금 | 공공의 |
| 관대 | 도전 |
| 청소년 | 역사 |
| 글로벌 | 인류 |

# 44 - Ecologia

| 편 | 시 | 식 | 핑 | 재 | 캠 | 임 | 기 | 지 | 식 | 서 | 다 | 시 | 도 |
| 커 | 뮤 | 니 | 티 | 선 | 림 | 여 | 낚 | 속 | 임 | 권 | 양 | 게 | 원 |
| 공 | 킹 | 이 | 하 | 박 | 공 | 춤 | 품 | 가 | 마 | 도 | 성 | 기 | 예 |
| 핑 | 사 | 수 | 공 | 춤 | 캠 | 활 | 술 | 능 | 퍼 | 기 | 사 | 마 | 핑 |
| 포 | 동 | 봉 | 진 | 재 | 즐 | 핑 | 농 | 한 | 종 | 류 | 벌 | 플 | 즐 |
| 재 | 마 | 법 | 하 | 물 | 낚 | 킹 | 동 | 원 | 다 | 낚 | 농 | 로 | 낚 |
| 임 | 츠 | 권 | 편 | 편 | 춤 | 기 | 하 | 진 | 포 | 술 | 임 | 라 | 글 |
| 편 | 원 | 킹 | 그 | 서 | 심 | 그 | 낚 | 관 | 술 | 스 | 진 | 츠 | 진 |
| 스 | 이 | 기 | 관 | 사 | 렵 | 공 | 즐 | 재 | 권 | 기 | 관 | 하 | 농 |
| 자 | 자 | 원 | 생 | 존 | 킹 | 편 | 시 | 뽐 | 군 | 구 | 캠 | 활 | 농 |
| 연 | 활 | 여 | 마 | 진 | 술 | 식 | 재 | 식 | 물 | 술 | 기 | 초 | 목 |
| 산 | 캠 | 관 | 그 | 스 | 킹 | 수 | 뽐 | 게 | 동 | 편 | 하 | 후 | 도 |
| 휴 | 물 | 관 | 구 | 습 | 자 | 연 | 스 | 러 | 운 | 관 | 공 | 기 | 포 |
| 권 | 사 | 낚 | 퍼 | 지 | 봉 | 진 | 구 | 이 | 춤 | 츠 | 스 | 휴 | 관 |

| | |
|---|---|
| 기후 | 자연스러운 |
| 커뮤니티 | 습지 |
| 다양성 | 식물 |
| 동물군 | 자원 |
| 플로라 | 가뭄 |
| 글로벌 | 생존 |
| 서식지 | 지속 가능한 |
| 선박 | 종류 |
| 자연 | 초목 |

# 45 - Discipline Scientifiche

| 여 | 술 | 가 | 관 | 생 | 신 | 경 | 학 | 물 | 광 | 봉 | 마 | 진 | 이 |
|---|---|---|---|---|---|---|---|---|---|---|---|---|---|
| 시 | 쁨 | 재 | 림 | 화 | 츠 | 구 | 역 | 식 | 구 | 기 | 물 | 재 | 식 |
| 심 | 리 | 학 | 화 | 학 | 태 | 생 | 열 | 사 | 하 | 역 | 학 | 물 | 동 |
| 렵 | 츠 | 식 | 투 | 질 | 문 | 시 | 봉 | 회 | 그 | 독 | 리 | 상 | 그 |
| 다 | 예 | 여 | 물 | 지 | 림 | 천 | 핑 | 학 | 그 | 캠 | 생 | 여 | 기 |
| 구 | 게 | 임 | 편 | 학 | 야 | 춤 | 게 | 스 | 예 | 킹 | 마 | 서 | 캠 |
| 핑 | 면 | 역 | 학 | 관 | 츠 | 여 | 예 | 예 | 휴 | 마 | 낚 | 활 | 투 |
| 츠 | 서 | 시 | 법 | 수 | 활 | 봉 | 관 | 독 | 물 | 서 | 임 | 그 | 수 |
| 심 | 게 | 퍼 | 춤 | 도 | 가 | 캠 | 투 | 마 | 농 | 휴 | 언 | 술 | 예 |
| 권 | 편 | 킹 | 권 | 서 | 게 | 하 | 림 | 춤 | 투 | 퍼 | 어 | 마 | 예 |
| 마 | 춤 | 동 | 술 | 수 | 공 | 킹 | 공 | 서 | 구 | 핑 | 학 | 관 | 도 |
| 고 | 생 | 마 | 구 | 구 | 임 | 원 | 해 | 재 | 서 | 야 | 포 | 농 | 사 |
| 고 | 물 | 가 | 다 | 활 | 이 | 식 | 부 | 임 | 원 | 다 | 기 | 다 | 다 |
| 학 | 학 | 구 | 권 | 야 | 진 | 술 | 이 | 다 | 임 | 법 | 임 | 진 | 쁨 |

| | |
|---|---|
| 해부 | 면역학 |
| 고고학 | 언어학 |
| 천문학 | 역학 |
| 생화학 | 기상학 |
| 생물학 | 광물학 |
| 식물학 | 신경학 |
| 화학 | 심리학 |
| 생태학 | 사회학 |
| 생리학 | 열역학 |
| 지질학 | 동물학 |

# 46 - Scienza

| 포 | 휴 | 림 | 물 | 구 | 진 | 포 | 도 | 식 | 춤 | 핑 | 마 | 낚 | 물 |
|---|---|---|---|---|---|---|---|---|---|---|---|---|---|
| 독 | 공 | 진 | 화 | 사 | 임 | 스 | 편 | 서 | 핑 | 심 | 후 | 활 | 리 |
| 게 | 퍼 | 임 | 구 | 원 | 뽐 | 즐 | 원 | 여 | 권 | 유 | 기 | 체 | 학 |
| 임 | 임 | 봉 | 하 | 과 | 편 | 핑 | 봉 | 심 | 하 | 관 | 킹 | 재 | 법 |
| 투 | 농 | 야 | 여 | 학 | 도 | 봉 | 츠 | 가 | 게 | 여 | 휴 | 사 | 관 |
| 재 | 퍼 | 즐 | 분 | 자 | 술 | 편 | 데 | 핑 | 구 | 연 | 입 | 실 | 술 |
| 림 | 농 | 가 | 자 | 수 | 춤 | 화 | 재 | 이 | 식 | 기 | 자 | 방 | 수 |
| 재 | 활 | 독 | 가 | 사 | 공 | 학 | 하 | 투 | 터 | 화 | 원 | 관 | 법 |
| 시 | 진 | 물 | 설 | 진 | 물 | 동 | 휴 | 핑 | 야 | 석 | 뽐 | 사 | 예 |
| 관 | 찰 | 재 | 실 | 험 | 실 | 스 | 이 | 심 | 시 | 투 | 동 | 물 | 림 |
| 킹 | 이 | 캠 | 험 | 원 | 춤 | 사 | 물 | 동 | 권 | 뽐 | 심 | 독 | 원 |
| 탄 | 산 | 수 | 원 | 여 | 여 | 활 | 예 | 구 | 서 | 하 | 원 | 춤 | 렵 |
| 중 | 마 | 그 | 투 | 독 | 킹 | 게 | 낚 | 임 | 법 | 재 | 야 | 킹 | 심 |
| 력 | 렵 | 이 | 술 | 킹 | 동 | 농 | 다 | 활 | 사 | 법 | 진 | 스 | 농 |

| | |
|---|---|
| 원자 | 가설 |
| 화학 | 실험실 |
| 기후 | 방법 |
| 데이터 | 탄산수 |
| 실험 | 분자 |
| 진화 | 자연 |
| 사실 | 유기체 |
| 물리학 | 관찰 |
| 화석 | 입자 |
| 중력 | 과학자 |

# 47 - Imbarcazioni

| 가 | 츠 | 뗏 | 동 | 기 | 하 | 게 | 야 | 나 | 츠 | 편 | 츠 | 원 | 게 |
| 선 | 휴 | 목 | 투 | 동 | 식 | 퍼 | 도 | 룻 | 범 | 선 | 림 | 캠 | 하 |
| 원 | 해 | 림 | 재 | 렵 | 대 | 양 | 봉 | 배 | 뻠 | 휴 | 수 | 캠 | 원 |
| 휴 | 상 | 그 | 활 | 뻠 | 원 | 서 | 낚 | 킹 | 술 | 원 | 킹 | 재 | 활 |
| 밧 | 엔 | 진 | 공 | 야 | 예 | 독 | 임 | 킹 | 파 | 포 | 요 | 관 | 활 |
| 진 | 줄 | 권 | 포 | 농 | 핑 | 즐 | 봉 | 기 | 도 | 여 | 그 | 트 | 봉 |
| 시 | 공 | 즐 | 게 | 예 | 서 | 킹 | 술 | 렵 | 가 | 수 | 서 | 가 | 그 |
| 퍼 | 여 | 즐 | 농 | 마 | 활 | 게 | 츠 | 서 | 투 | 캠 | 봉 | 킹 | 뻠 |
| 여 | 마 | 투 | 식 | 식 | 카 | 투 | 스 | 다 | 시 | 구 | 술 | 마 | 활 |
| 원 | 동 | 승 | 조 | 류 | 약 | 법 | 호 | 부 | 표 | 카 | 누 | 바 | 다 |
| 원 | 게 | 무 | 렵 | 심 | 심 | 게 | 수 | 강 | 공 | 즐 | 투 | 법 | 술 |
| 킹 | 심 | 원 | 서 | 춤 | 킹 | 사 | 뻠 | 공 | 포 | 마 | 그 | 투 | 마 |
| 서 | 퍼 | 이 | 재 | 킹 | 닻 | 활 | 활 | 권 | 포 | 게 | 독 | 포 | 물 |
| 농 | 원 | 하 | 관 | 이 | 봉 | 원 | 관 | 마 | 술 | 물 | 식 | 돛 | 대 |

| | |
|---|---|
| 돛대 | 조류 |
| 범선 | 선원 |
| 부표 | 엔진 |
| 카누 | 해상 |
| 밧줄 | 대양 |
| 승무원 | 파도 |
| 카약 | 나룻배 |
| 호수 | 요트 |
| 바다 | 뗏목 |

# 48 - Chimica

| 촉 | 매 | 심 | 다 | 게 | 다 | 도 | 재 | 가 | 예 | 염 | 소 | 퍼 | 활 |
|---|---|---|---|---|---|---|---|---|---|---|---|---|---|
| 임 | 가 | 캠 | 기 | 게 | 이 | 온 | 렵 | 독 | 임 | 가 | 수 | 원 | 수 |
| 임 | 사 | 스 | 킹 | 봉 | 렵 | 권 | 재 | 진 | 서 | 휴 | 관 | 서 | 물 |
| 무 | 게 | 독 | 게 | 서 | 원 | 츠 | 기 | 도 | 심 | 게 | 서 | 림 | 낚 |
| 포 | 포 | 마 | 열 | 핑 | 캠 | 재 | 물 | 유 | 법 | 낚 | 농 | 기 | 관 |
| 즐 | 다 | 공 | 알 | 효 | 소 | 가 | 산 | 낚 | 야 | 임 | 물 | 기 | 휴 |
| 이 | 하 | 휴 | 칼 | 기 | 산 | 탄 | 스 | 농 | 법 | 농 | 원 | 이 | 뽐 |
| 공 | 활 | 기 | 리 | 진 | 기 | 마 | 마 | 이 | 활 | 농 | 물 | 편 | 스 |
| 하 | 춤 | 스 | 성 | 캠 | 원 | 마 | 예 | 봉 | 춤 | 식 | 원 | 자 | 구 |
| 도 | 게 | 활 | 진 | 스 | 렵 | 서 | 물 | 동 | 그 | 휴 | 다 | 편 | 전 |
| 소 | 예 | 렵 | 술 | 핵 | 액 | 봉 | 야 | 농 | 도 | 스 | 수 | 다 | 가 |
| 가 | 금 | 분 | 자 | 퍼 | 체 | 핑 | 술 | 서 | 시 | 수 | 포 | 원 | 원 |
| 낚 | 춤 | 서 | 편 | 야 | 이 | 물 | 투 | 진 | 여 | 소 | 권 | 원 | 진 |
| 핑 | 농 | 구 | 공 | 심 | 시 | 임 | 퍼 | 기 | 편 | 여 | 술 | 서 | 수 |

알칼리성
원자
탄소
촉매
염소
전자
효소
가스
수소

이온
액체
분자
유기농
산소
무게
소금
온도

# 49 - Api

| 그 | 킹 | 편 | 식 | 하 | 임 | 킹 | 이 | 스 | 공 | 퀸 | 농 | 림 | 캠 |
|---|---|---|---|---|---|---|---|---|---|---|---|---|---|
| 게 | 활 | 농 | 과 | 일 | 물 | 퍼 | 관 | 야 | 동 | 여 | 하 | 이 | 브 |
| 원 | 킹 | 림 | 봉 | 춤 | 수 | 법 | 그 | 킹 | 낚 | 이 | 게 | 심 | 여 |
| 서 | 기 | 춤 | 포 | 구 | 킹 | 봉 | 법 | 가 | 꿀 | 예 | 임 | 캠 | 도 |
| 연 | 기 | 캠 | 농 | 권 | 구 | 포 | 춤 | 핑 | 핑 | 예 | 게 | 여 | 도 |
| 다 | 휴 | 떼 | 이 | 봉 | 휴 | 하 | 포 | 스 | 법 | 시 | 봉 | 마 | 법 |
| 다 | 독 | 퍼 | 독 | 스 | 물 | 진 | 예 | 임 | 여 | 기 | 렵 | 하 | 편 |
| 핑 | 킹 | 사 | 술 | 편 | 즐 | 식 | 서 | 구 | 그 | 법 | 독 | 서 | 스 |
| 관 | 게 | 그 | 포 | 화 | 날 | 음 | 식 | 식 | 예 | 편 | 심 | 츠 | 편 |
| 사 | 렵 | 이 | 휴 | 분 | 꽃 | 개 | 츠 | 다 | 지 | 휴 | 이 | 뿜 | 물 |
| 가 | 포 | 재 | 법 | 태 | 공 | 진 | 관 | 스 | 휴 | 유 | 핑 | 낚 | 춤 |
| 활 | 도 | 술 | 게 | 양 | 야 | 즐 | 술 | 휴 | 다 | 농 | 익 | 츠 | 림 |
| 뿜 | 구 | 정 | 핑 | 킹 | 곤 | 즐 | 봉 | 식 | 양 | 춤 | 원 | 한 | 츠 |
| 밀 | 랍 | 원 | 원 | 원 | 충 | 생 | 태 | 계 | 성 | 식 | 물 | 다 | 진 |

날개
하이브
유익한
밀랍
음식
다양성
생태계
과일

연기
정원
서식지
곤충
식물
화분
태양

# 50 - Strumenti Musicali

| 클 | 포 | 야 | 다 | 게 | 스 | 동 | 렵 | 심 | 관 | 권 | 피 | 활 | 가 |
|---|---|---|---|---|---|---|---|---|---|---|---|---|---|
| 하 | 라 | 원 | 타 | 악 | 기 | 사 | 임 | 법 | 술 | 시 | 아 | 사 | 가 |
| 기 | 도 | 리 | 기 | 림 | 츠 | 뽐 | 퍼 | 수 | 색 | 활 | 노 | 징 | 도 |
| 하 | 편 | 가 | 넷 | 츠 | 술 | 킹 | 낚 | 관 | 소 | 식 | 투 | 기 | 투 |
| 여 | 모 | 사 | 구 | 사 | 공 | 활 | 서 | 캠 | 폰 | 심 | 술 | 핑 | 퍼 |
| 오 | 캠 | 니 | 권 | 게 | 봉 | 편 | 수 | 시 | 렵 | 트 | 럼 | 펫 | 활 |
| 심 | 보 | 하 | 카 | 법 | 바 | 순 | 마 | 술 | 퍼 | 권 | 첼 | 로 | 임 |
| 포 | 휴 | 에 | 기 | 그 | 림 | 편 | 동 | 게 | 시 | 춤 | 휴 | 기 | 권 |
| 이 | 술 | 가 | 렵 | 스 | 마 | 봉 | 만 | 밴 | 뽐 | 도 | 관 | 탬 | 권 |
| 물 | 재 | 이 | 권 | 트 | 롬 | 본 | 돌 | 조 | 도 | 공 | 북 | 버 | 관 |
| 구 | 마 | 렵 | 재 | 봉 | 법 | 포 | 린 | 편 | 예 | 기 | 농 | 린 | 다 |
| 술 | 하 | 림 | 그 | 심 | 서 | 식 | 재 | 낚 | 퍼 | 봉 | 동 | 올 | 포 |
| 츠 | 구 | 킹 | 스 | 하 | 여 | 농 | 하 | 프 | 플 | 루 | 트 | 이 | 도 |
| 봉 | 원 | 원 | 이 | 춤 | 여 | 핑 | 기 | 구 | 서 | 낚 | 독 | 바 | 예 |

| | |
|---|---|
| 하모니카 | 오보에 |
| 하프 | 타악기 |
| 밴조 | 피아노 |
| 기타 | 색소폰 |
| 클라리넷 | 탬버린 |
| 바순 | 트럼펫 |
| 플루트 | 트롬본 |
| 만돌린 | 바이올린 |
| 마림바 | 첼로 |

# 51 - Professioni #2

| 뿜 | 권 | 캠 | 독 | 휴 | 임 | 법 | 예 | 스 | 조 | 술 | 포 | 원 | 휴 |
|---|---|---|---|---|---|---|---|---|---|---|---|---|---|
| 핑 | 사 | 서 | 마 | 렵 | 도 | 서 | 식 | 공 | 사 | 심 | 이 | 동 | 농 |
| 원 | 행 | 의 | 발 | 명 | 자 | 학 | 물 | 생 | 관 | 시 | 뿜 | 물 | 수 |
| 서 | 비 | 낚 | 과 | 공 | 학 | 원 | 관 | 캠 | 언 | 의 | 권 | 학 | 킹 |
| 편 | 주 | 원 | 다 | 치 | 철 | 조 | 종 | 사 | 어 | 재 | 사 | 자 | 다 |
| 임 | 우 | 스 | 가 | 서 | 스 | 림 | 퍼 | 다 | 학 | 여 | 그 | 킹 | 일 |
| 낚 | 서 | 투 | 농 | 렵 | 동 | 재 | 법 | 도 | 자 | 구 | 재 | 권 | 러 |
| 독 | 렵 | 여 | 화 | 정 | 원 | 사 | 시 | 봉 | 식 | 핑 | 예 | 도 | 스 |
| 권 | 재 | 야 | 림 | 가 | 구 | 봉 | 시 | 편 | 술 | 투 | 렵 | 하 | 트 |
| 술 | 봉 | 핑 | 뿜 | 작 | 연 | 핑 | 동 | 권 | 사 | 물 | 여 | 즐 | 레 |
| 핑 | 물 | 츠 | 식 | 진 | 외 | 심 | 관 | 선 | 관 | 기 | 자 | 츠 | 이 |
| 게 | 심 | 물 | 임 | 사 | 과 | 임 | 농 | 생 | 도 | 관 | 그 | 포 | 터 |
| 엔 | 지 | 니 | 어 | 관 | 의 | 구 | 예 | 님 | 그 | 법 | 렵 | 야 | 이 |
| 봉 | 공 | 식 | 스 | 퍼 | 사 | 뿜 | 기 | 원 | 독 | 물 | 즐 | 동 | 봉 |

우주 비행사
사서
생물학자
외과 의사
치과 의사
철학자
사진 작가
정원사
기자
일러스트레이터

엔지니어
선생님
발명자
조사관
언어학자
의사
조종사
화가
연구원
동물학자

# 52 - Letteratura

```
핑 원 마 운 법 야 봉 독 전 심 활 시 포 이
법 구 캠 의 물 식 물 분 기 야 농 봉 유 포
술 도 설 견 원 비 활 석 가 독 사 진 추 독
장 퍼 명 수 임 극 렵 킹 퍼 야 예 물 수 봉
르 츠 구 사 도 휴 임 주 하 시 킹 마 도 여
비 교 임 렵 임 기 편 제 이 츠 수 활 다 편
여 낚 투 이 그 휴 식 야 수 물 진 활 다 독
대 퍼 춤 하 원 물 도 결 핑 기 시 예 야 공
화 퍼 원 술 스 타 일 론 은 원 예 킹 봉 편
물 일 임 공 물 퍼 마 그 유 기 휴 활 기 수
원 농 휴 공 술 핑 저 자 림 구 렵 시 스 투
츠 심 편 핑 마 이 도 렵 이 시 그 하 적 리
물 동 스 진 농 법 소 물 야 시 여 림 야 듬
휴 마 여 기 캠 서 구 설 핑 술 원 원 캠 임
```

| | |
|---|---|
| 분석 | 장르 |
| 유추 | 은유 |
| 일화 | 의견 |
| 저자 | 시적 |
| 전기 | 리듬 |
| 결론 | 소설 |
| 비교 | 스타일 |
| 설명 | 주제 |
| 대화 | 비극 |

# 53 - Cibo #2

| 도 | 포 | 셀 | 구 | 독 | 다 | 캠 | 봉 | 가 | 시 | 즐 | 뿜 | 마 | 사 |
|---|---|---|---|---|---|---|---|---|---|---|---|---|---|
| 사 | 도 | 원 | 러 | 마 | 츠 | 림 | 시 | 수 | 빵 | 시 | 바 | 진 | 림 |
| 과 | 투 | 렵 | 계 | 리 | 법 | 기 | 다 | 예 | 가 | 렵 | 나 | 닭 | 즐 |
| 여 | 기 | 낚 | 란 | 콜 | 포 | 햄 | 요 | 거 | 트 | 휴 | 나 | 이 | 사 |
| 심 | 기 | 예 | 다 | 로 | 공 | 초 | 콜 | 릿 | 키 | 위 | 원 | 게 | 하 |
| 핑 | 림 | 마 | 스 | 브 | 그 | 원 | 동 | 관 | 즐 | 권 | 공 | 그 | 시 |
| 렵 | 버 | 섯 | 캠 | 즐 | 다 | 포 | 다 | 낚 | 야 | 원 | 심 | 휴 | 림 |
| 쌀 | 낚 | 봉 | 즐 | 핑 | 진 | 편 | 독 | 춤 | 원 | 그 | 사 | 진 | 퍼 |
| 봉 | 물 | 편 | 하 | 여 | 구 | 기 | 서 | 게 | 동 | 진 | 편 | 활 | 이 |
| 물 | 고 | 기 | 하 | 동 | 심 | 봉 | 낚 | 식 | 원 | 관 | 물 | 치 | 즈 |
| 렵 | 이 | 도 | 법 | 사 | 사 | 농 | 재 | 기 | 예 | 킹 | 동 | 그 | 휴 |
| 술 | 식 | 체 | 가 | 공 | 가 | 스 | 권 | 식 | 도 | 토 | 밀 | 뿜 | 진 |
| 공 | 물 | 리 | 예 | 츠 | 지 | 휴 | 임 | 스 | 사 | 물 | 마 | 다 | 핑 |
| 투 | 심 | 심 | 게 | 수 | 이 | 임 | 권 | 수 | 즐 | 하 | 서 | 토 | 이 |

| | |
|---|---|
| 바나나 | 가지 |
| 브로콜리 | 물고기 |
| 체리 | 토마토 |
| 초콜릿 | 셀러리 |
| 치즈 | 계란 |
| 버섯 | 포도 |
| 키위 | 요거트 |
| 사과 | |

# 54 - Nutrizione

| | | | | | | | | | | | | | | | |
|---|---|---|---|---|---|---|---|---|---|---|---|---|---|---|---|
| 구 | 관 | 마 | 킹 | 액 | 낚 | 핑 | 여 | 그 | 편 | 사 | 휴 | 쓴 | 하 | | |
| 다 | 임 | 물 | 다 | 체 | 캠 | 뿜 | 마 | 봉 | 즐 | 관 | 휴 | 림 | 도 | | |
| 예 | 다 | 이 | 어 | 트 | 그 | 관 | 진 | 핑 | 렵 | 농 | 술 | 휴 | 렵 | | |
| 법 | 물 | 식 | 춤 | 마 | 캠 | 춤 | 시 | 구 | 독 | 균 | 형 | 잡 | 힌 | | |
| 츠 | 건 | 강 | 춤 | 수 | 핑 | 마 | 기 | 원 | 시 | 농 | 권 | 그 | 술 | | |
| 권 | 게 | 캠 | 법 | 도 | 투 | 관 | 캠 | 스 | 무 | 뿜 | 임 | 츠 | 구 | | |
| 법 | 이 | 마 | 다 | 식 | 탄 | 수 | 화 | 물 | 게 | 법 | 낚 | 스 | 츠 | | |
| 임 | 권 | 임 | 욕 | 식 | 용 | 킹 | 소 | 핑 | 편 | 칼 | 로 | 리 | 도 | | |
| 서 | 즐 | 봉 | 봉 | 구 | 마 | 그 | 독 | 도 | 발 | 다 | 투 | 시 | 스 | | |
| 포 | 츠 | 임 | 구 | 물 | 낚 | 투 | 렵 | 휴 | 효 | 게 | 낚 | 사 | 심 | | |
| 재 | 핑 | 건 | 다 | 예 | 이 | 단 | 재 | 야 | 비 | 타 | 민 | 농 | 투 | | |
| 예 | 투 | 편 | 강 | 핑 | 다 | 동 | 백 | 서 | 사 | 활 | 재 | 향 | 수 | | |
| 영 | 양 | 소 | 수 | 한 | 투 | 다 | 질 | 동 | 소 | 스 | 신 | 식 | | | |
| 춤 | 도 | 도 | 렵 | 법 | 마 | 심 | 사 | 품 | 공 | 편 | 림 | 료 | 다 | | |

| | |
|---|---|
| 식욕 | 무게 |
| 균형 잡힌 | 단백질 |
| 칼로리 | 품질 |
| 탄수화물 | 소스 |
| 식용 | 건강 |
| 다이어트 | 건강한 |
| 소화 | 향신료 |
| 발효 | 독소 |
| 액체 | 비타민 |
| 영양소 | |

# 55 - Matematica

| | | | | | | | | | | | | | |
|---|---|---|---|---|---|---|---|---|---|---|---|---|---|
| 평 | 행 | 사 | 변 | 형 | 지 | 름 | 각 | 방 | 편 | 멱 | 지 | 수 | 핑 |
| 사 | 평 | 관 | 투 | 각 | 각 | 법 | 도 | 게 | 정 | 도 | 술 | 분 | 사 |
| 여 | 퍼 | 핑 | 퍼 | 사 | 심 | 다 | 휴 | 사 | 퍼 | 식 | 마 | 야 | 시 |
| 직 | 동 | 투 | 기 | 정 | 둘 | 핑 | 낚 | 그 | 렵 | 낚 | 재 | 스 | 진 |
| 식 | 사 | 임 | 하 | 춤 | 레 | 독 | 농 | 식 | 그 | 캠 | 법 | 삼 | 심 |
| 사 | 캠 | 각 | 학 | 수 | 농 | 그 | 임 | 사 | 야 | 독 | 시 | 각 | 뿜 |
| 하 | 야 | 농 | 형 | 십 | 진 | 수 | 심 | 도 | 렵 | 시 | 사 | 형 | 낚 |
| 캠 | 킹 | 재 | 봉 | 즐 | 편 | 농 | 투 | 산 | 수 | 물 | 다 | 츠 | 기 |
| 다 | 마 | 식 | 투 | 뿜 | 공 | 기 | 킹 | 권 | 하 | 핑 | 뿜 | 권 | 마 |
| 렵 | 게 | 킹 | 스 | 편 | 관 | 뿜 | 관 | 렵 | 예 | 하 | 법 | 원 | 예 |
| 킹 | 편 | 편 | 서 | 킹 | 활 | 하 | 관 | 수 | 직 | 낚 | 사 | 물 | 임 |
| 그 | 도 | 임 | 식 | 임 | 공 | 포 | 낚 | 도 | 독 | 퍼 | 음 | 기 | 그 |
| 마 | 투 | 대 | 기 | 낚 | 반 | 지 | 름 | 퍼 | 독 | 숫 | 량 | 예 | 야 |
| 마 | 다 | 칭 | 마 | 포 | 렵 | 수 | 농 | 임 | 투 | 자 | 캠 | 야 | 관 |

각도
산수
십진수
지름
방정식
멱지수
분수
기하학
숫자
평행

평행사변형
둘레
수직
다각형
정사각형
반지름
직사각형
대칭
삼각형
음량

# 56 - Meditazione

```
서 농 퍼 진 츠 츠 원 다 하 활 게 편 운 동
하 권 투 시 림 법 진 렵 킹 공 관 낚 여 킹 임
도 퍼 편 렵 하 재 편 춤 식 가 봉 진 동 임 캠
그 야 투 낚 시 다 감 여 편 수 공 동 포 캠 식
게 구 술 그 평 화 사 가 공 그 관 찰 마 식 시
감 정 수 락 진 림 구 서 사 세 다 공 음 시 도
가 정 관 다 가 관 재 편 낚 게 자 선 명 도 임
다 신 여 포 뽐 수 이 킹 침 편 연 휴 임 임 식
친 절 낚 농 수 여 가 물 묵 투 킹 캠 편 식 가
활 수 임 음 악 스 휴 캠 렵 퍼 관 행 편 가 킹
편 렵 가 뽐 즐 예 원 하 진 생 각 점 복 킹 예
퍼 식 야 동 림 캠 법 활 농 스 예 연 민 예 서
재 게 여 법 편 마 그 하 도 핑 봉 휴 주 서 의
진 스 스 재 수 서 동 여 공 예 호 흡 의 임
```

| | |
|---|---|
| 수락 | 운동 |
| 주의 | 음악 |
| 선명도 | 자연 |
| 연민 | 관찰 |
| 감정 | 평화 |
| 행복 | 생각 |
| 친절 | 자세 |
| 감사 | 관점 |
| 정신 | 호흡 |
| 마음 | 침묵 |

# 57 - Elettricità

| 권 | 휴 | 활 | 농 | 배 | 휴 | 포 | 식 | 재 | 이 | 게 | 법 | 예 | 사 |
|---|---|---|---|---|---|---|---|---|---|---|---|---|---|
| 낚 | 법 | 포 | 예 | 터 | 물 | 술 | 스 | 기 | 여 | 재 | 이 | 농 | 킹 |
| 화 | 뿜 | 예 | 여 | 리 | 가 | 투 | 진 | 원 | 긍 | 재 | 즐 | 다 | 물 |
| 전 | 회 | 재 | 도 | 하 | 장 | 비 | 마 | 소 | 정 | 자 | 석 | 심 | 재 |
| 공 | 로 | 이 | 동 | 퍼 | 캠 | 저 | 독 | 켓 | 적 | 권 | 진 | 뿜 | 구 |
| 예 | 망 | 이 | 시 | 양 | 레 | 블 | 여 | 투 | 인 | 서 | 활 | 편 | 게 |
| 뿜 | 킹 | 봉 | 임 | 농 | 츠 | 이 | 술 | 가 | 그 | 심 | 킹 | 관 | 수 |
| 수 | 원 | 퍼 | 마 | 하 | 원 | 케 | 저 | 원 | 농 | 춤 | 야 | 포 | 캠 |
| 여 | 권 | 진 | 부 | 게 | 동 | 서 | 재 | 뿜 | 핑 | 포 | 핑 | 다 | 캠 |
| 도 | 봉 | 편 | 정 | 게 | 사 | 시 | 수 | 그 | 재 | 투 | 권 | 재 | 물 |
| 물 | 휴 | 시 | 적 | 하 | 마 | 사 | 투 | 시 | 여 | 사 | 물 | 농 | 동 |
| 발 | 이 | 마 | 인 | 퍼 | 마 | 독 | 하 | 전 | 비 | 레 | 텔 | 여 | 낚 |
| 즐 | 전 | 물 | 낚 | 물 | 봉 | 독 | 서 | 선 | 램 | 프 | 독 | 마 | 가 |
| 즐 | 다 | 기 | 전 | 뿜 | 사 | 림 | 하 | 캠 | 여 | 재 | 수 | 뿜 | 동 |

| | |
|---|---|
| 장비 | 레이저 |
| 배터리 | 자석 |
| 케이블 | 부정적인 |
| 저장 | 사물 |
| 전공 | 긍정적 인 |
| 전기 | 소켓 |
| 전선 | 회로망 |
| 발전기 | 전화 |
| 램프 | 텔레비전 |

# 58 - Antiquariato

| | | | | | | | | | | | | | | |
|---|---|---|---|---|---|---|---|---|---|---|---|---|---|---|
| 공 | 물 | 갤 | 서 | 건 | 조 | 퍼 | 활 | 독 | 춤 | 진 | 캠 | 사 | 뽐 |
| 이 | 렵 | 관 | 러 | 포 | 각 | 핑 | 도 | 구 | 정 | 공 | 야 | 림 | 퍼 |
| 휴 | 그 | 다 | 수 | 리 | 진 | 술 | 휴 | 포 | 가 | 통 | 오 | 도 | 농 |
| 예 | 여 | 세 | 우 | 아 | 한 | 투 | 독 | 이 | 낚 | 공 | 래 | 즐 | 심 |
| 휴 | 게 | 기 | 즐 | 농 | 이 | 장 | 법 | 그 | 봉 | 식 | 된 | 츠 | 뽐 |
| 독 | 킹 | 마 | 여 | 즐 | 특 | 식 | 낚 | 퍼 | 즐 | 예 | 그 | 포 | 시 |
| 농 | 림 | 경 | 관 | 원 | 구 | 츠 | 관 | 재 | 서 | 다 | 시 | 낚 | 구 |
| 그 | 포 | 매 | 핑 | 재 | 캠 | 재 | 투 | 다 | 포 | 관 | 기 | 진 | 다 |
| 하 | 법 | 수 | 십 | 년 | 기 | 스 | 타 | 일 | 가 | 동 | 춤 | 품 | 질 |
| 예 | 그 | 림 | 하 | 공 | 그 | 이 | 기 | 권 | 사 | 핑 | 농 | 서 | 예 |
| 술 | 렵 | 그 | 춤 | 수 | 진 | 야 | 캠 | 휴 | 츠 | 격 | 시 | 도 | 시 |
| 휴 | 뽐 | 구 | 진 | 포 | 낚 | 임 | 권 | 캠 | 술 | 렵 | 가 | 구 | 하 |
| 독 | 법 | 마 | 사 | 포 | 림 | 구 | 투 | 자 | 동 | 농 | 기 | 복 | 마 |
| 원 | 편 | 공 | 시 | 값 | 동 | 진 | 투 | 심 | 전 | 퍼 | 관 | 시 | 권 |

예술
경매
정통
조건
수십 년
장식
우아한
갤러리
특이한
투자

가구
동전
가격
품질
복구
조각
세기
스타일
오래된

# 59 - Escursionismo

| 가 | 권 | 도 | 술 | 기 | 구 | 도 | 독 | 야 | 야 | 준 | 뽐 | 식 | 원 |
| 구 | 기 | 그 | 킹 | 낚 | 후 | 식 | 태 | 구 | 자 | 비 | 수 | 낚 | 뽐 |
| 휴 | 여 | 동 | 농 | 법 | 독 | 재 | 양 | 활 | 연 | 임 | 권 | 수 | 핑 |
| 하 | 술 | 림 | 시 | 포 | 뽐 | 수 | 뽐 | 캠 | 핑 | 캠 | 렵 | 야 | 식 |
| 낚 | 이 | 활 | 스 | 농 | 임 | 핑 | 편 | 동 | 스 | 시 | 기 | 진 | 다 |
| 림 | 다 | 예 | 지 | 츠 | 피 | 편 | 스 | 농 | 포 | 관 | 농 | 서 | 투 |
| 산 | 구 | 원 | 활 | 도 | 곤 | 마 | 술 | 심 | 진 | 하 | 휴 | 임 | 즐 |
| 투 | 도 | 활 | 야 | 구 | 한 | 캠 | 낭 | 편 | 편 | 권 | 술 | 츠 | 핑 |
| 수 | 그 | 낚 | 농 | 핑 | 포 | 수 | 물 | 떠 | 부 | 츠 | 농 | 핑 | 도 |
| 가 | 이 | 드 | 권 | 킹 | 봉 | 사 | 동 | 마 | 러 | 임 | 재 | 동 | 수 |
| 임 | 렵 | 이 | 춤 | 돌 | 재 | 편 | 농 | 야 | 활 | 지 | 봉 | 농 | 서 |
| 마 | 재 | 관 | 동 | 낚 | 퍼 | 투 | 물 | 생 | 물 | 법 | 사 | 편 | 밋 |
| 이 | 기 | 야 | 공 | 원 | 춤 | 즐 | 핑 | 가 | 험 | 법 | 게 | 기 | 구 |
| 이 | 무 | 거 | 운 | 뽐 | 서 | 캠 | 심 | 정 | 위 | 관 | 마 | 공 | 스 |

동물
캠핑
기후
가이드
지도
자연
정위
공원
위험

무거운
준비
낭떠러지
야생
태양
피곤한
부츠
서밋

| 즐 | 심 | 원 | 렵 | 시 | 구 | 대 | 임 | 배 | 관 | 공 | 간 | 호 | 사 |
| 림 | 리 | 퍼 | 댄 | 서 | 농 | 이 | 사 | 게 | 보 | 석 | 상 | 기 | 의 |
| 사 | 학 | 관 | 이 | 사 | 킹 | 춤 | 심 | 예 | 하 | 과 | 림 | 예 | 수 |
| 봉 | 자 | 학 | 문 | 천 | 동 | 법 | 수 | 임 | 뻠 | 학 | 독 | 관 | 서 |
| 지 | 편 | 집 | 자 | 술 | 춤 | 뻠 | 스 | 핑 | 물 | 자 | 즐 | 진 | 휴 |
| 봉 | 도 | 공 | 낚 | 춤 | 심 | 이 | 물 | 서 | 퍼 | 포 | 예 | 여 | 피 |
| 권 | 퍼 | 제 | 공 | 공 | 법 | 약 | 낚 | 관 | 구 | 수 | 활 | 임 | 아 |
| 변 | 호 | 사 | 작 | 구 | 여 | 사 | 사 | 냥 | 꾼 | 지 | 활 | 하 | 니 |
| 음 | 악 | 가 | 독 | 자 | 물 | 렵 | 포 | 여 | 재 | 관 | 질 | 여 | 스 |
| 코 | 물 | 술 | 권 | 뻠 | 기 | 임 | 츠 | 마 | 은 | 행 | 가 | 학 | 트 |
| 치 | 다 | 예 | 포 | 하 | 하 | 퍼 | 여 | 법 | 독 | 법 | 이 | 수 | 자 |
| 즐 | 사 | 재 | 야 | 원 | 퍼 | 심 | 동 | 휴 | 하 | 킹 | 다 | 뻠 | 퍼 |
| 진 | 게 | 즐 | 낚 | 야 | 법 | 공 | 캠 | 스 | 동 | 심 | 뻠 | 게 | 렵 |
| 재 | 시 | 휴 | 스 | 림 | 공 | 예 | 권 | 퍼 | 그 | 독 | 투 | 원 | 게 |

| | |
|---|---|
| 코치 | 약사 |
| 대사 | 지질학자 |
| 예술가 | 보석상 |
| 천문학자 | 배관공 |
| 변호사 | 간호사 |
| 댄서 | 음악가 |
| 은행가 | 피아니스트 |
| 사냥꾼 | 심리학자 |
| 지도 제작자 | 과학자 |
| 편집자 | 수의사 |

# 61 - Antartide

| 탄 | 산 | 수 | 불 | 물 | 캠 | 퍼 | 이 | 여 | 심 | 게 | 이 | 술 | 관 |
|---|---|---|---|---|---|---|---|---|---|---|---|---|---|
| 서 | 마 | 캠 | 안 | 농 | 독 | 즐 | 주 | 술 | 야 | 춤 | 대 | 륙 | 독 |
| 이 | 핑 | 권 | 정 | 서 | 사 | 게 | 캠 | 마 | 야 | 쁨 | 다 | 기 | 공 |
| 수 | 포 | 쁨 | 한 | 술 | 사 | 구 | 관 | 도 | 섬 | 핑 | 게 | 동 | 춤 |
| 쁨 | 그 | 츠 | 심 | 투 | 서 | 이 | 야 | 렵 | 법 | 만 | 재 | 도 | 수 |
| 하 | 원 | 환 | 렵 | 즐 | 심 | 권 | 관 | 도 | 심 | 서 | 핑 | 캠 | 도 |
| 게 | 온 | 다 | 경 | 식 | 기 | 임 | 포 | 보 | 농 | 림 | 식 | 쁨 | 시 |
| 공 | 농 | 도 | 반 | 농 | 독 | 서 | 식 | 존 | 재 | 캠 | 그 | 하 | 공 |
| 쁨 | 동 | 심 | 퍼 | 원 | 하 | 퍼 | 캠 | 원 | 스 | 재 | 수 | 야 | 마 |
| 킹 | 예 | 서 | 형 | 지 | 구 | 킹 | 권 | 낚 | 얼 | 식 | 마 | 진 | 춤 |
| 림 | 여 | 활 | 퍼 | 리 | 름 | 연 | 렵 | 기 | 음 | 권 | 동 | 가 | 봉 |
| 고 | 래 | 핑 | 적 | 학 | 과 | 수 | 서 | 임 | 림 | 진 | 빙 | 하 | 원 |
| 마 | 마 | 스 | 심 | 봉 | 원 | 캠 | 사 | 심 | 기 | 동 | 가 | 예 | 관 |
| 마 | 기 | 캠 | 야 | 스 | 정 | 시 | 원 | 활 | 독 | 기 | 야 | 식 | 스 |

환경
고래
보존
대륙
지리학
빙하
얼음
이주
탄산수

구름
반도
연구원
불안정한
과학적
원정
온도
지형

# 62 - Libri

| 관 | 포 | 퍼 | 발 | 춤 | 재 | 투 | 지 | 이 | 페 | 휴 | 식 | 기 | 포 |
|---|---|---|---|---|---|---|---|---|---|---|---|---|---|
| 역 | 사 | 적 | 인 | 명 | 관 | 츠 | 활 | 야 | 문 | 물 | 심 | 리 | 편 |
| 킹 | 기 | 여 | 임 | 여 | 련 | 스 | 낚 | 기 | 맥 | 게 | 공 | 더 | 기 |
| 물 | 원 | 다 | 다 | 예 | 그 | 서 | 원 | 킹 | 하 | 시 | 술 | 임 | 농 |
| 야 | 재 | 공 | 마 | 이 | 동 | 퍼 | 면 | 공 | 심 | 시 | 그 | 퍼 | 수 |
| 진 | 공 | 소 | 재 | 다 | 춤 | 즐 | 게 | 뿜 | 법 | 리 | 마 | 내 | 집 |
| 저 | 자 | 설 | 수 | 서 | 휴 | 식 | 마 | 이 | 술 | 즈 | 독 | 레 | 낚 |
| 시 | 스 | 핑 | 즐 | 림 | 물 | 수 | 킹 | 야 | 시 | 여 | 마 | 이 | 캠 |
| 즐 | 수 | 사 | 재 | 미 | 있 | 는 | 투 | 휴 | 하 | 낚 | 진 | 터 | 다 |
| 투 | 즐 | 편 | 림 | 핑 | 관 | 서 | 식 | 서 | 핑 | 사 | 임 | 렵 | 스 |
| 서 | 사 | 시 | 마 | 물 | 임 | 그 | 봉 | 관 | 킹 | 물 | 핑 | 활 | 하 |
| 동 | 편 | 모 | 험 | 관 | 법 | 법 | 수 | 그 | 진 | 시 | 츠 | 심 | 하 |
| 활 | 관 | 투 | 림 | 예 | 물 | 심 | 도 | 스 | 문 | 렵 | 시 | 가 | 구 |
| 법 | 법 | 서 | 이 | 중 | 성 | 렵 | 게 | 즐 | 마 | 학 | 비 | 참 | 한 |

| | |
|---|---|
| 저자 | 페이지 |
| 모험 | 관련 |
| 수집 | 소설 |
| 문맥 | 서면 |
| 이중성 | 시리즈 |
| 서사시 | 이야기 |
| 발명 | 역사적인 |
| 문학 | 비참한 |
| 리더 | 재미있는 |
| 내레이터 | |

# 63 - Geografia

| 도 | 시 | 아 | 세 | 기 | 국 | 뽐 | 캠 | 그 | 동 | 퍼 | 스 | 캠 | 게 |
| 예 | 식 | 틀 | 사 | 계 | 가 | 다 | 휴 | 봉 | 임 | 진 | 핑 | 뽐 | 물 |
| 휴 | 물 | 라 | 동 | 강 | 영 | 토 | 농 | 관 | 즐 | 여 | 임 | 북 |  |
| 예 | 다 | 스 | 뽐 | 투 | 하 | 킹 | 권 | 봉 | 남 | 스 | 경 | 도 | 쪽 |
| 시 | 활 | 가 | 포 | 핑 | 고 | 스 | 마 | 쪽 | 봉 | 마 | 뽐 | 법 |  |
| 가 | 예 | 독 | 뽐 | 물 | 도 | 위 | 시 | 서 | 공 | 야 | 뽐 | 투 |  |
| 렵 | 스 | 예 | 예 | 예 | 편 | 독 | 편 | 술 | 식 | 츠 | 뽐 | 권 |  |
| 구 | 관 | 시 | 편 | 그 | 그 | 시 | 스 | 츠 | 야 | 권 | 수 | 예 |  |
| 공 | 수 | 즐 | 농 | 법 | 동 | 공 | 활 | 술 | 심 | 퍼 | 산 | 수 |  |
| 핑 | 식 | 자 | 예 | 서 | 임 | 핑 | 독 | 서 | 편 | 즐 | 바 | 다 |  |
| 도 | 재 | 오 | 법 | 공 | 역 | 반 | 구 | 투 | 게 | 낚 | 예 | 심 |  |
| 츠 | 이 | 선 | 그 | 서 | 지 | 스 | 대 | 법 | 봉 | 야 | 섬 | 킹 |  |
| 여 | 캠 | 야 | 물 | 시 | 도 | 예 | 렵 | 스 | 야 | 야 | 기 | 원 |  |
| 킹 | 야 | 다 | 술 | 물 | 원 | 술 | 야 | 가 | 마 | 게 | 림 | 원 | 식 |

고도                      자오선
아틀라스                  세계
도시                      북쪽
대륙                      서쪽
반구                      국가
위도                      지역
경도                      남쪽
지도                      영토
바다

| 술 | 수 | 도 | 츠 | 편 | 독 | 활 | 식 | 포 | 즐 | 예 | 츠 | 포 | 사 |
|---|---|---|---|---|---|---|---|---|---|---|---|---|---|
| 즐 | 하 | 쁨 | 야 | 구 | 그 | 원 | 퍼 | 법 | 낚 | 법 | 물 | 시 | 스 |
| 스 | 낚 | 관 | 구 | 서 | 림 | 독 | 바 | 핑 | 즐 | 가 | 투 | 캠 | 이 |
| 핑 | 술 | 즐 | 레 | 케 | 이 | 크 | 질 | 봉 | 재 | 샐 | 렵 | 임 | 편 |
| 계 | 피 | 예 | 쁨 | 몬 | 주 | 렵 | 핑 | 휴 | 핑 | 러 | 농 | 봉 | 설 |
| 농 | 우 | 렵 | 투 | 마 | 스 | 시 | 권 | 퍼 | 수 | 드 | 양 | 파 | 탕 |
| 게 | 유 | 순 | 무 | 춤 | 하 | 독 | 기 | 진 | 춤 | 구 | 츠 | 원 | 낚 |
| 캠 | 스 | 렵 | 서 | 도 | 권 | 심 | 독 | 법 | 동 | 포 | 투 | 마 | 식 |
| 하 | 식 | 춤 | 활 | 법 | 예 | 공 | 딸 | 권 | 관 | 술 | 쁨 | 도 | 법 |
| 봉 | 마 | 고 | 편 | 시 | 가 | 기 | 권 | 야 | 야 | 투 | 림 | 술 | 당 |
| 민 | 트 | 츠 | 기 | 그 | 재 | 임 | 춤 | 이 | 렵 | 낚 | 도 | 휴 | 근 |
| 농 | 렵 | 스 | 다 | 보 | 리 | 구 | 렵 | 춤 | 동 | 예 | 여 | 여 | 휴 |
| 배 | 참 | 핑 | 활 | 편 | 진 | 시 | 동 | 진 | 쁨 | 술 | 야 | 야 | 킹 |
| 시 | 법 | 치 | 춤 | 투 | 킹 | 야 | 봉 | 마 | 늘 | 시 | 금 | 치 | 핑 |

마늘
바질
계피
고기
당근
양파
딸기
샐러드
우유
레몬

민트
보리
순무
소금
시금치
주스
참치
케이크
설탕

# 65 - Etica

| 물 | 이 | 원 | 퍼 | 임 | 서 | 시 | 하 | 캠 | 투 | 철 | 인 | 외 | 편 |
|---|---|---|---|---|---|---|---|---|---|---|---|---|---|
| 포 | 이 | 원 | 진 | 봉 | 이 | 공 | 원 | 정 | 직 | 학 | 내 | 교 | 독 |
| 심 | 임 | 게 | 야 | 활 | 타 | 차 | 합 | 농 | 동 | 공 | 투 | 사 | 술 |
| 독 | 투 | 다 | 그 | 스 | 주 | 식 | 리 | 도 | 편 | 하 | 핑 | 수 | 수 |
| 킹 | 활 | 독 | 수 | 투 | 의 | 합 | 성 | 결 | 무 | 퍼 | 진 | 임 | 낚 |
| 친 | 야 | 연 | 활 | 포 | 술 | 도 | 리 | 그 | 이 | 킹 | 쁨 | 예 | 식 |
| 절 | 식 | 쁨 | 민 | 렵 | 활 | 편 | 이 | 적 | 여 | 가 | 가 | 관 | 투 |
| 쁨 | 핑 | 야 | 구 | 야 | 이 | 진 | 캠 | 물 | 인 | 관 | 시 | 물 | 리 |
| 협 | 봉 | 권 | 인 | 류 | 춤 | 낙 | 천 | 주 | 의 | 주 | 인 | 개 | 얼 |
| 력 | 권 | 서 | 게 | 봉 | 공 | 기 | 권 | 그 | 림 | 쁨 | 쁨 | 독 | 리 |
| 구 | 즐 | 게 | 예 | 서 | 봉 | 구 | 관 | 식 | 독 | 시 | 퍼 | 다 | 즘 |
| 서 | 진 | 퍼 | 값 | 사 | 림 | 게 | 그 | 캠 | 이 | 존 | 렵 | 서 | 이 |
| 즐 | 원 | 렵 | 즐 | 마 | 수 | 원 | 임 | 진 | 즐 | 관 | 엄 | 임 | 원 |
| 물 | 기 | 야 | 진 | 관 | 원 | 지 | 혜 | 그 | 법 | 봉 | 사 | 성 | 동 |

| | |
|---|---|
| 이타주의 | 정직 |
| 연민 | 낙천주의 |
| 협력 | 인내 |
| 존엄성 | 합리적인 |
| 외교 | 합리성 |
| 철학 | 리얼리즘 |
| 친절 | 지혜 |
| 개인주의 | 공차 |
| 무결성 | 인류 |

# 66 - Aeroplani

| | | | | | | | | | | | | | |
|---|---|---|---|---|---|---|---|---|---|---|---|---|---|
| 동 | 휴 | 구 | 렵 | 연 | 공 | 퍼 | 여 | 시 | 하 | 휴 | 독 | 퍼 | 캠 |
| 수 | 진 | 물 | 이 | 료 | 원 | 가 | 술 | 게 | 가 | 물 | 시 | 심 | 렵 |
| 게 | 림 | 공 | 봉 | 식 | 휴 | 구 | 심 | 다 | 권 | 농 | 건 | 설 | 뻠 |
| 진 | 늘 | 하 | 동 | 공 | 핑 | 뻠 | 방 | 츠 | 진 | 편 | 사 | 마 | 술 |
| 캠 | 츠 | 강 | 기 | 춤 | 투 | 권 | 법 | 향 | 모 | 수 | 이 | 독 | 투 |
| 재 | 여 | 구 | 착 | 륙 | 분 | 승 | 캠 | 여 | 험 | 소 | 다 | 투 | 휴 |
| 퍼 | 렵 | 키 | 기 | 법 | 위 | 객 | 풍 | 선 | 뻠 | 퍼 | 물 | 가 | 춤 |
| 승 | 무 | 원 | 포 | 류 | 기 | 난 | 림 | 술 | 투 | 농 | 독 | 권 | 도 |
| 농 | 춤 | 진 | 권 | 편 | 물 | 뻠 | 게 | 즐 | 역 | 봉 | 림 | 게 | 활 |
| 조 | 시 | 야 | 기 | 퍼 | 서 | 춤 | 다 | 마 | 사 | 임 | 투 | 독 | 가 |
| 종 | 봉 | 즐 | 서 | 예 | 활 | 포 | 식 | 권 | 투 | 법 | 스 | 공 | 관 |
| 사 | 봉 | 임 | 구 | 다 | 탐 | 엔 | 진 | 수 | 고 | 권 | 포 | 야 | 기 |
| 하 | 공 | 뻠 | 퍼 | 투 | 색 | 이 | 게 | 그 | 도 | 투 | 진 | 독 | 시 |
| 야 | 물 | 기 | 휴 | 구 | 예 | 즐 | 권 | 봉 | 하 | 캠 | 뻠 | 캠 | 하 |

고도
공기
분위기
착륙
모험
연료
하늘
건설
방향
하강

승무원
수소
엔진
탐색
풍선
승객
조종사
역사
난기류

# 67 - Governo

| 예 | 렵 | 편 | 마 | 원 | 재 | 스 | 식 | 재 | 다 | 독 | 즐 | 즐 | 뽐 |
| 뽐 | 낚 | 시 | 게 | 즐 | 심 | 마 | 수 | 심 | 춤 | 하 | 법 | 헌 | 지 |
| 수 | 마 | 공 | 즐 | 임 | 그 | 편 | 봉 | 즐 | 재 | 재 | 사 | 야 | 도 |
| 가 | 임 | 스 | 마 | 게 | 서 | 포 | 법 | 게 | 식 | 공 | 투 | 시 | 자 |
| 게 | 휴 | 하 | 투 | 농 | 식 | 투 | 하 | 기 | 념 | 물 | 원 | 구 | 이 |
| 평 | 등 | 독 | 지 | 도 | 림 | 독 | 물 | 하 | 야 | 다 | 츠 | 츠 | 하 |
| 즐 | 다 | 포 | 구 | 야 | 이 | 립 | 진 | 법 | 술 | 캠 | 림 | 심 | 춤 |
| 가 | 징 | 활 | 재 | 춤 | 스 | 휴 | 활 | 권 | 스 | 술 | 원 | 킹 | 그 |
| 봉 | 상 | 예 | 낚 | 사 | 의 | 주 | 주 | 민 | 원 | 수 | 재 | 원 | 예 |
| 구 | 태 | 마 | 식 | 사 | 도 | 치 | 기 | 시 | 낚 | 국 | 편 | 퍼 | 게 |
| 렵 | 구 | 그 | 자 | 진 | 그 | 뽐 | 정 | 민 | 예 | 캠 | 가 | 임 | 포 |
| 동 | 뽐 | 물 | 유 | 연 | 퍼 | 킹 | 의 | 토 | 론 | 힘 | 핑 | 시 | 편 |
| 공 | 관 | 서 | 식 | 설 | 공 | 캠 | 진 | 마 | 동 | 서 | 휴 | 공 | 스 |
| 사 | 권 | 동 | 투 | 기 | 하 | 마 | 술 | 식 | 춤 | 하 | 림 | 심 | 핑 |

| | |
|---|---|
| 지도자 | 독립 |
| 시민권 | 자유 |
| 시민 | 기념물 |
| 헌법 | 국가 |
| 민주주의 | 정치 |
| 연설 | 지구 |
| 토론 | 상징 |
| 사법 | 상태 |
| 정의 | 평등 |

# 68 - Colori

| | | | | | | | | | | | | |
|---|---|---|---|---|---|---|---|---|---|---|---|---|
| 편 | 시 | 오 | 캠 | 봉 | 예 | 빨 | 츠 | 하 | 봉 | 핑 | 회 | 독 | 시 |
| 포 | 퍼 | 렌 | 기 | 활 | 구 | 춤 | 간 | 예 | 사 | 기 | 색 | 편 | 안 |
| 즐 | 스 | 지 | 식 | 세 | 피 | 아 | 진 | 색 | 관 | 물 | 춤 | 투 | 그 |
| 서 | 다 | 농 | 원 | 심 | 기 | 공 | 보 | 라 | 색 | 원 | 여 | 하 | 활 |
| 갈 | 임 | 시 | 즐 | 편 | 이 | 즐 | 스 | 렵 | 뽐 | 여 | 렵 | 재 | 야 |
| 색 | 봉 | 즐 | 얀 | 진 | 편 | 랙 | 물 | 물 | 퍼 | 서 | 킹 | 하 | 수 |
| 서 | 구 | 편 | 하 | 늘 | 빛 | 블 | 루 | 남 | 빛 | 임 | 관 | 재 | 구 |
| 기 | 춤 | 기 | 게 | 가 | 춤 | 수 | 녹 | 킹 | 즐 | 베 | 술 | 재 | 수 |
| 도 | 심 | 시 | 캠 | 물 | 독 | 캠 | 색 | 독 | 재 | 이 | 동 | 술 | 하 |
| 구 | 농 | 렵 | 독 | 관 | 하 | 진 | 다 | 포 | 림 | 지 | 독 | 뽐 | 원 |
| 진 | 마 | 시 | 물 | 도 | 춤 | 식 | 캠 | 농 | 투 | 낚 | 권 | 법 | 츠 |
| 투 | 분 | 젠 | 법 | 수 | 도 | 예 | 노 | 란 | 색 | 술 | 그 | 렵 | 이 |
| 그 | 재 | 홍 | 타 | 술 | 자 | 홍 | 색 | 권 | 사 | 동 | 봉 | 여 | 법 |
| 퍼 | 그 | 재 | 츠 | 마 | 진 | 술 | 뽐 | 원 | 그 | 렵 | 권 | 식 | 사 |

| | |
|---|---|
| 오렌지 | 남빛 |
| 하늘빛 | 마젠타 |
| 베이지 | 갈색 |
| 하얀 | 블랙 |
| 블루 | 분홍 |
| 시안 | 빨간색 |
| 자홍색 | 세피아 |
| 노란색 | 녹색 |
| 회색 | 보라색 |

# 69 - Bellezza

| | | | | | | | | | | | | | |
|---|---|---|---|---|---|---|---|---|---|---|---|---|---|
| 가 | 위 | 립 | 공 | 동 | 술 | 활 | 춤 | 기 | 유 | 도 | 화 | 활 | 거 |
| 수 | 법 | 법 | 스 | 원 | 력 | 편 | 동 | 진 | 화 | 여 | 휴 | 장 | 울 |
| 피 | 부 | 관 | 도 | 틱 | 매 | 끄 | 러 | 운 | 은 | 혜 | 다 | 사 | 품 |
| 구 | 게 | 농 | 그 | 렵 | 향 | 우 | 츠 | 사 | 물 | 재 | 권 | 스 | 림 |
| 시 | 샴 | 푸 | 춤 | 게 | 기 | 게 | 아 | 우 | 퍼 | 재 | 물 | 수 | 여 |
| 식 | 편 | 수 | 춤 | 렵 | 편 | 그 | 농 | 한 | 재 | 공 | 휴 | 휴 | 휴 |
| 임 | 스 | 퍼 | 물 | 제 | 품 | 재 | 식 | 퍼 | 포 | 토 | 제 | 닉 | 그 |
| 그 | 림 | 즐 | 즐 | 임 | 야 | 관 | 색 | 하 | 도 | 진 | 뽐 | 퍼 | 권 |
| 춤 | 식 | 진 | 사 | 활 | 편 | 츠 | 법 | 활 | 봉 | 도 | 봉 | 물 | 농 |
| 심 | 그 | 임 | 다 | 퍼 | 뽐 | 구 | 게 | 포 | 뽐 | 물 | 공 | 그 | 낚 |
| 뽐 | 즐 | 그 | 도 | 도 | 마 | 스 | 카 | 라 | 재 | 핑 | 문 | 캠 | 핑 |
| 동 | 재 | 수 | 봉 | 서 | 활 | 그 | 식 | 술 | 츠 | 재 | 장 | 권 | 다 |
| 서 | 포 | 진 | 투 | 비 | 활 | 캠 | 농 | 구 | 권 | 권 | 가 | 츠 | 야 |
| 즐 | 츠 | 킹 | 하 | 스 | 다 | 서 | 뽐 | 포 | 수 | 여 | 시 | 게 | 렵 |

| | |
|---|---|
| 화장품 | 마스카라 |
| 우아한 | 유화 |
| 우아 | 피부 |
| 매력 | 제품 |
| 가위 | 립스틱 |
| 포토제닉 | 서비스 |
| 향기 | 샴푸 |
| 은혜 | 거울 |
| 매끄러운 | 문장가 |

# 70 - Avventura

| 새 | 준 | 기 | 목 | 적 | 지 | 관 | 림 | 식 | 다 | 포 | 물 | 재 | 츠 |
|---|---|---|---|---|---|---|---|---|---|---|---|---|---|
| 로 | 비 | 투 | 회 | 아 | 름 | 다 | 움 | 투 | 퍼 | 포 | 림 | 심 | 진 |
| 운 | 재 | 권 | 원 | 캠 | 수 | 핑 | 시 | 임 | 편 | 기 | 하 | 활 | 렵 |
| 열 | 광 | 기 | 도 | 전 | 예 | 어 | 려 | 움 | 수 | 쁨 | 하 | 재 | 시 |
| 하 | 용 | 쁨 | 독 | 구 | 예 | 농 | 퍼 | 사 | 캠 | 권 | 마 | 림 | 야 |
| 심 | 감 | 소 | 심 | 림 | 림 | 놀 | 낚 | 농 | 임 | 동 | 활 | 낚 | 렵 |
| 렵 | 관 | 풍 | 활 | 진 | 물 | 라 | 물 | 휴 | 기 | 킹 | 사 | 친 | 구 |
| 캠 | 관 | 공 | 츠 | 동 | 안 | 운 | 야 | 포 | 킹 | 심 | 농 | 활 | 임 |
| 독 | 포 | 서 | 야 | 항 | 전 | 술 | 재 | 법 | 낚 | 서 | 캠 | 식 | 시 |
| 도 | 관 | 그 | 휴 | 해 | 렵 | 게 | 투 | 킹 | 킹 | 시 | 낚 | 스 | 활 |
| 하 | 즐 | 즐 | 킹 | 술 | 스 | 예 | 활 | 농 | 기 | 가 | 기 | 독 | 스 |
| 쁨 | 특 | 게 | 여 | 진 | 일 | 관 | 이 | 시 | 캠 | 마 | 수 | 예 | 투 |
| 낚 | 권 | 이 | 즐 | 농 | 정 | 마 | 자 | 연 | 즐 | 구 | 츠 | 렵 | 예 |
| 포 | 포 | 예 | 한 | 험 | 위 | 게 | 퍼 | 낚 | 춤 | 서 | 캠 | 예 | 쁨 |

| | |
|---|---|
| 친구 | 일정 |
| 활동 | 자연 |
| 아름다움 | 항해 |
| 용감 | 새로운 |
| 목적지 | 기회 |
| 어려움 | 위험한 |
| 열광 | 준비 |
| 소풍 | 도전 |
| 기쁨 | 안전 |
| 특이한 | 놀라운 |

# 71 - Forme

| 이 | 킹 | 퍼 | 식 | 캠 | 츠 | 곡 | 삼 | 각 | 형 | 수 | 프 | 사 | 진 |
|---|---|---|---|---|---|---|---|---|---|---|---|---|---|
| 서 | 서 | 퍼 | 구 | 독 | 여 | 선 | 입 | 서 | 스 | 여 | 리 | 낚 | 투 |
| 수 | 독 | 스 | 마 | 캠 | 공 | 재 | 방 | 하 | 권 | 활 | 즘 | 포 | 기 |
| 도 | 재 | 기 | 포 | 야 | 하 | 뽐 | 체 | 피 | 시 | 기 | 술 | 임 | 법 |
| 휴 | 캠 | 게 | 예 | 공 | 낚 | 활 | 림 | 라 | 원 | 캠 | 캠 | 진 | 여 |
| 춤 | 독 | 농 | 도 | 핑 | 물 | 림 | 야 | 미 | 도 | 진 | 공 | 도 | 술 |
| 포 | 그 | 스 | 실 | 다 | 수 | 독 | 여 | 드 | 이 | 휴 | 활 | 농 | 퍼 |
| 모 | 춤 | 재 | 린 | 원 | 다 | 하 | 심 | 캠 | 구 | 휴 | 타 | 동 | 관 |
| 서 | 쌍 | 서 | 더 | 뽈 | 림 | 독 | 예 | 림 | 춤 | 체 | 원 | 뽐 | 뽐 |
| 리 | 곡 | 퍼 | 여 | 핑 | 정 | 동 | 마 | 수 | 물 | 서 | 형 | 각 | 다 |
| 자 | 선 | 하 | 서 | 수 | 사 | 측 | 공 | 시 | 심 | 즐 | 타 | 다 | 사 |
| 장 | 농 | 퍼 | 진 | 술 | 각 | 면 | 독 | 호 | 법 | 심 | 원 | 캠 | 임 |
| 가 | 예 | 다 | 예 | 야 | 형 | 각 | 사 | 직 | 휴 | 림 | 봉 | 뽐 | 도 |
| 그 | 포 | 뽐 | 기 | 물 | 선 | 그 | 그 | 예 | 수 | 사 | 구 | 시 | 수 |

모서리
가장자리
실린더
원뿔
입방체
곡선
타원
쌍곡선
측면

타원형
피라미드
다각형
프리즘
정사각형
직사각형
구체
삼각형

# 72 - Oceano

| 돌 | 킹 | 이 | 뾤 | 낚 | 진 | 즐 | 스 | 심 | 이 | 수 | 포 | 재 | 서 |
| 고 | 물 | 진 | 마 | 스 | 펀 | 지 | 게 | 가 | 독 | 장 | 어 | 상 | 관 |
| 래 | 고 | 참 | 기 | 새 | 우 | 킹 | 권 | 퍼 | 서 | 해 | 파 | 리 | 고 |
| 관 | 기 | 치 | 마 | 원 | 재 | 식 | 예 | 암 | 초 | 구 | 임 | 활 | 래 |
| 킹 | 가 | 가 | 즐 | 투 | 포 | 법 | 포 | 산 | 호 | 츠 | 다 | 도 | 츠 |
| 킹 | 렵 | 여 | 봉 | 즐 | 기 | 수 | 법 | 그 | 구 | 렵 | 기 | 농 | 재 |
| 핑 | 조 | 수 | 물 | 배 | 캠 | 기 | 낚 | 편 | 술 | 재 | 사 | 예 | 활 |
| 법 | 마 | 포 | 포 | 굴 | 식 | 물 | 권 | 진 | 츠 | 파 | 도 | 핑 | 낚 |
| 재 | 투 | 핑 | 가 | 림 | 즐 | 물 | 사 | 공 | 츠 | 식 | 시 | 재 | 도 |
| 봉 | 폭 | 임 | 스 | 뾤 | 원 | 마 | 농 | 관 | 봉 | 거 | 게 | 낚 | 공 |
| 여 | 즐 | 풍 | 재 | 물 | 심 | 동 | 핑 | 독 | 야 | 북 | 뾤 | 핑 | 림 |
| 즐 | 포 | 농 | 렵 | 활 | 투 | 공 | 식 | 수 | 핑 | 이 | 식 | 투 | 게 |
| 공 | 농 | 술 | 그 | 문 | 임 | 편 | 낚 | 야 | 렵 | 예 | 활 | 소 | 퍼 |
| 권 | 휴 | 스 | 즐 | 어 | 여 | 야 | 편 | 서 | 퍼 | 공 | 봉 | 수 | 금 |

장어
고래
산호
돌고래
새우
조수
해파리
파도
물고기

문어
소금
암초
스펀지
상어
거북이
폭풍
참치

# 73 - Famiglia

| 캠 | 하 | 킹 | 기 | 이 | 투 | 법 | 물 | 동 | 기 | 시 | 하 | 원 | 물 |
|---|---|---|---|---|---|---|---|---|---|---|---|---|---|
| 여 | 캠 | 술 | 낚 | 편 | 권 | 물 | 서 | 이 | 모 | 사 | 낚 | 관 | 기 |
| 법 | 포 | 야 | 도 | 하 | 서 | 마 | 기 | 아 | 부 | 계 | 야 | 다 | 다 |
| 사 | 퍼 | 츠 | 자 | 춤 | 아 | 내 | 그 | 수 | 츠 | 그 | 편 | 봉 | 서 |
| 관 | 임 | 렵 | 손 | 매 | 츠 | 마 | 투 | 봉 | 킹 | 포 | 춤 | 원 | 뿜 |
| 편 | 퍼 | 림 | 권 | 렵 | 여 | 식 | 술 | 림 | 여 | 핑 | 시 | 마 | 림 |
| 재 | 구 | 사 | 법 | 기 | 권 | 봉 | 봉 | 가 | 뿜 | 선 | 아 | 버 | 지 |
| 서 | 사 | 게 | 법 | 봉 | 조 | 카 | 진 | 춤 | 포 | 조 | 춤 | 활 | 버 |
| 편 | 여 | 다 | 사 | 촌 | 관 | 법 | 핑 | 뿜 | 어 | 남 | 시 | 낚 | 아 |
| 야 | 낚 | 춤 | 렵 | 권 | 낚 | 구 | 구 | 이 | 린 | 어 | 편 | 킹 | 할 |
| 마 | 킹 | 포 | 기 | 시 | 구 | 임 | 권 | 원 | 시 | 임 | 봉 | 투 | 수 |
| 게 | 동 | 마 | 공 | 수 | 농 | 동 | 활 | 그 | 절 | 이 | 니 | 술 | 뿜 |
| 진 | 삼 | 모 | 성 | 여 | 림 | 캠 | 원 | 관 | 구 | 어 | 머 | 니 | 딸 |
| 형 | 촌 | 즐 | 스 | 수 | 포 | 춤 | 봉 | 하 | 핑 | 춤 | 할 | 진 | 봉 |

| | |
|---|---|
| 선조 | 조카 |
| 어린이 | 손자 |
| 아이 | 할머니 |
| 사촌 | 할아버지 |
| 어린 시절 | 아버지 |
| 어머니 | 부계 |
| 남편 | 자매 |
| 모성 | 이모 |
| 아내 | 삼촌 |

# 74 - Creatività

| 스 | 예 | 도 | 자 | 감 | 기 | 술 | 캠 | 농 | 렵 | 농 | 퍼 | 츠 | 시 |
|---|---|---|---|---|---|---|---|---|---|---|---|---|---|
| 투 | 술 | 명 | 발 | 정 | 하 | 원 | 마 | 사 | 확 | 퍼 | 강 | 농 | 심 |
| 관 | 적 | 선 | 적 | 유 | 동 | 성 | 예 | 킹 | 실 | 편 | 렬 | 렵 | 그 |
| 투 | 투 | 그 | 인 | 다 | 림 | 권 | 투 | 그 | 성 | 식 | 함 | 인 | 투 |
| 도 | 영 | 재 | 적 | 동 | 마 | 공 | 투 | 가 | 봉 | 하 | 쁨 | 상 | 권 |
| 활 | 감 | 봉 | 극 | 농 | 가 | 포 | 림 | 쁨 | 핑 | 그 | 포 | 활 | 영 |
| 사 | 이 | 핑 | 도 | 투 | 재 | 농 | 예 | 농 | 게 | 편 | 킹 | 춤 | 독 |
| 관 | 낚 | 재 | 사 | 츠 | 이 | 동 | 식 | 사 | 법 | 낚 | 동 | 핑 | 춤 |
| 다 | 이 | 야 | 기 | 술 | 아 | 이 | 디 | 어 | 다 | 공 | 도 | 심 | 휴 |
| 편 | 캠 | 활 | 즐 | 야 | 낚 | 서 | 서 | 진 | 마 | 식 | 식 | 여 | 사 |
| 츠 | 퍼 | 퍼 | 그 | 투 | 기 | 야 | 그 | 농 | 농 | 독 | 감 | 재 | 예 |
| 기 | 킹 | 물 | 시 | 핑 | 수 | 기 | 서 | 휴 | 심 | 시 | 사 | 각 | 츠 |
| 동 | 퍼 | 권 | 쁨 | 하 | 킹 | 상 | 상 | 력 | 비 | 전 | 즐 | 림 | 편 |
| 임 | 킹 | 림 | 직 | 관 | 공 | 휴 | 츠 | 활 | 야 | 공 | 도 | 다 | 예 |

| | |
|---|---|
| 기술 | 인상 |
| 예술적 | 강렬함 |
| 확실성 | 직관 |
| 선명도 | 발명 |
| 극적인 | 영감 |
| 감정 | 감각 |
| 유동성 | 자발적인 |
| 아이디어 | 비전 |
| 상상력 | 활력 |
| 영상 | |

# 75 - Veicoli

| 포 | 수 | 수 | 타 | 이 | 어 | 진 | 캠 | 모 | 터 | 기 | 차 | 킹 | 식 |
|---|---|---|---|---|---|---|---|---|---|---|---|---|---|
| 독 | 게 | 캠 | 재 | 사 | 농 | 가 | 퍼 | 권 | 킹 | 헬 | 게 | 사 | 공 |
| 사 | 나 | 룻 | 배 | 가 | 핑 | 렵 | 농 | 기 | 독 | 기 | 리 | 여 | 공 |
| 로 | 켓 | 캐 | 러 | 밴 | 투 | 구 | 진 | 버 | 스 | 수 | 가 | 콥 | 임 |
| 배 | 게 | 관 | 권 | 하 | 트 | 랙 | 터 | 지 | 가 | 택 | 시 | 식 | 터 |
| 투 | 야 | 사 | 편 | 뗏 | 목 | 봉 | 법 | 게 | 하 | 독 | 활 | 심 | 구 |
| 하 | 동 | 관 | 원 | 다 | 뿜 | 편 | 술 | 춤 | 원 | 철 | 핑 | 도 | 야 |
| 봉 | 술 | 다 | 물 | 휴 | 농 | 하 | 춤 | 기 | 뿜 | 마 | 시 | 권 | 마 |
| 봉 | 낚 | 사 | 식 | 예 | 진 | 다 | 비 | 킹 | 이 | 공 | 다 | 임 | 서 |
| 법 | 퍼 | 렵 | 법 | 야 | 봉 | 마 | 행 | 술 | 게 | 법 | 식 | 투 | 도 |
| 공 | 식 | 뿜 | 심 | 스 | 트 | 럭 | 기 | 포 | 캠 | 동 | 춤 | 술 | 편 |
| 잠 | 수 | 함 | 서 | 쿠 | 여 | 권 | 마 | 야 | 마 | 킹 | 츠 | 여 | 마 |
| 게 | 휴 | 가 | 하 | 터 | 자 | 전 | 거 | 예 | 술 | 심 | 편 | 야 | 술 |
| 뿜 | 뿜 | 구 | 급 | 차 | 봉 | 동 | 물 | 임 | 퍼 | 구 | 하 | 농 | 시 |

| | |
|---|---|
| 비행기 | 타이어 |
| 구급차 | 로켓 |
| 버스 | 스쿠터 |
| 자전거 | 잠수함 |
| 트럭 | 택시 |
| 캐러밴 | 나룻배 |
| 헬리콥터 | 트랙터 |
| 지하철 | 기차 |
| 모터 | 뗏목 |

# 76 - Natura

| 서 | 츠 | 휴 | 식 | 식 | 수 | 게 | 구 | 이 | 마 | 식 | 관 | 열 | 게 |
|---|---|---|---|---|---|---|---|---|---|---|---|---|---|
| 안 | 야 | 림 | 독 | 그 | 도 | 그 | 다 | 낚 | 하 | 킹 | 게 | 대 | 수 |
| 개 | 원 | 사 | 가 | 독 | 원 | 그 | 원 | 마 | 게 | 아 | 름 | 다 | 움 |
| 임 | 활 | 다 | 야 | 핑 | 투 | 시 | 활 | 독 | 동 | 농 | 여 | 활 | 식 |
| 권 | 시 | 사 | 기 | 관 | 관 | 캠 | 권 | 여 | 적 | 그 | 그 | 물 | 마 |
| 구 | 서 | 시 | 동 | 투 | 법 | 츠 | 다 | 퍼 | 림 | 독 | 숲 | 북 | 뽐 |
| 동 | 림 | 봉 | 낚 | 그 | 관 | 서 | 킹 | 가 | 물 | 킹 | 이 | 극 | 기 |
| 낚 | 츠 | 물 | 원 | 식 | 물 | 물 | 물 | 그 | 캠 | 여 | 스 | 퍼 | 투 |
| 사 | 빙 | 하 | 권 | 공 | 식 | 이 | 기 | 독 | 투 | 수 | 봉 | 원 | 재 |
| 막 | 구 | 낚 | 봉 | 공 | 동 | 여 | 편 | 구 | 사 | 부 | 재 | 퍼 | 편 |
| 성 | 역 | 휴 | 야 | 예 | 강 | 하 | 시 | 가 | 법 | 식 | 렵 | 렵 | 츠 |
| 사 | 재 | 야 | 낚 | 서 | 춤 | 즐 | 진 | 뽐 | 포 | 핑 | 게 | 여 | 잎 |
| 포 | 하 | 기 | 생 | 킹 | 산 | 법 | 구 | 절 | 벽 | 림 | 캠 | 구 | 하 |
| 동 | 물 | 낚 | 이 | 독 | 동 | 심 | 름 | 고 | 요 | 한 | 꿀 | 벌 | 마 |

동물  안개
꿀벌  구름
북극  성역
아름다움  절벽
사막  야생
동적  고요한
부식  열대
빙하

# 77 - Balletto

| 댄 | 서 | 독 | 하 | 예 | 술 | 적 | 춤 | 편 | 사 | 안 | 근 | 오 | 기 |
|---|---|---|---|---|---|---|---|---|---|---|---|---|---|
| 그 | 관 | 진 | 예 | 춤 | 그 | 작 | 곡 | 가 | 리 | 무 | 육 | 케 | 술 |
| 야 | 권 | 독 | 킹 | 뿜 | 청 | 중 | 이 | 재 | 법 | 듬 | 이 | 스 | 킹 |
| 마 | 예 | 핑 | 퍼 | 다 | 춤 | 봉 | 여 | 게 | 수 | 기 | 식 | 트 | 음 |
| 리 | 허 | 설 | 우 | 독 | 법 | 서 | 활 | 림 | 법 | 구 | 물 | 라 | 악 |
| 나 | 일 | 즐 | 아 | 캠 | 즐 | 법 | 공 | 공 | 편 | 법 | 사 | 캠 | 관 |
| 춤 | 타 | 즐 | 한 | 구 | 시 | 낚 | 도 | 식 | 편 | 심 | 림 | 공 | 구 |
| 봉 | 스 | 내 | 구 | 공 | 원 | 시 | 제 | 진 | 기 | 서 | 하 | 기 | 스 |
| 강 | 술 | 여 | 는 | 편 | 법 | 그 | 스 | 포 | 서 | 하 | 캠 | 낚 | 투 |
| 가 | 렬 | 핑 | 봉 | 수 | 림 | 농 | 처 | 봉 | 도 | 마 | 야 | 림 | 공 |
| 츠 | 술 | 함 | 활 | 츠 | 원 | 권 | 재 | 킹 | 도 | 법 | 박 | 수 | 츠 |
| 이 | 서 | 서 | 그 | 임 | 림 | 뿜 | 이 | 핑 | 서 | 포 | 편 | 캠 | 물 |
| 포 | 동 | 독 | 주 | 발 | 레 | 리 | 나 | 독 | 연 | 습 | 구 | 낚 | 예 |
| 농 | 동 | 수 | 그 | 구 | 법 | 다 | 가 | 킹 | 하 | 포 | 츠 | 권 | 게 |

| | |
|---|---|
| 박수 | 강렬함 |
| 예술적 | 근육 |
| 독주 | 음악 |
| 발레리나 | 오케스트라 |
| 댄서 | 연습 |
| 작곡가 | 리허설 |
| 안무 | 청중 |
| 나타내는 | 리듬 |
| 제스처 | 스타일 |
| 우아한 | 기술 |

# 78 - Paesi #1

| 파 | 야 | 휴 | 재 | 봉 | 가 | 캠 | 루 | 림 | 렵 | 여 | 마 | 포 | 휴 |
|---|---|---|---|---|---|---|---|---|---|---|---|---|---|
| 캠 | 나 | 농 | 핑 | 권 | 휴 | 캠 | 마 | 야 | 휴 | 림 | 스 | 임 | 임 |
| 이 | 보 | 마 | 공 | 관 | 예 | 봉 | 니 | 술 | 림 | 인 | 도 | 원 | 하 |
| 가 | 물 | 디 | 뿜 | 야 | 봉 | 봉 | 아 | 낚 | 핑 | 시 | 봉 | 공 | 봉 |
| 킹 | 서 | 재 | 아 | 독 | 일 | 원 | 스 | 술 | 식 | 원 | 낚 | 캠 | 편 |
| 퍼 | 마 | 가 | 즐 | 예 | 권 | 베 | 식 | 휴 | 리 | 야 | 하 | 진 | 하 |
| 캐 | 나 | 다 | 이 | 스 | 라 | 엘 | 네 | 가 | 비 | 폴 | 사 | 핑 | 농 |
| 임 | 서 | 퍼 | 심 | 활 | 도 | 편 | 투 | 수 | 아 | 란 | 심 | 진 | 포 |
| 말 | 리 | 세 | 네 | 갈 | 핀 | 란 | 드 | 투 | 엘 | 드 | 활 | 모 | 베 |
| 봉 | 활 | 예 | 편 | 활 | 스 | 페 | 인 | 다 | 질 | 라 | 브 | 로 | 트 |
| 관 | 킹 | 공 | 노 | 르 | 웨 | 이 | 핑 | 공 | 사 | 캠 | 원 | 코 | 남 |
| 그 | 트 | 집 | 이 | 라 | 크 | 서 | 여 | 킹 | 포 | 휴 | 퍼 | 법 | 법 |
| 마 | 퍼 | 편 | 림 | 도 | 법 | 킹 | 마 | 예 | 재 | 휴 | 핑 | 원 | 가 |
| 포 | 여 | 편 | 독 | 술 | 도 | 퍼 | 그 | 투 | 투 | 포 | 츠 | 원 | 구 |

| | |
|---|---|
| 브라질 | 말리 |
| 캄보디아 | 모로코 |
| 캐나다 | 노르웨이 |
| 이집트 | 파나마 |
| 핀란드 | 폴란드 |
| 독일 | 루마니아 |
| 인도 | 세네갈 |
| 이라크 | 스페인 |
| 이스라엘 | 베네수엘라 |
| 리비아 | 베트남 |

# 79 - Geometria

| 게 | 이 | 수 | 스 | 편 | 원 | 도 | 그 | 대 | 활 | 평 | 야 | 농 | 봉 |
|---|---|---|---|---|---|---|---|---|---|---|---|---|---|
| 비 | 춤 | 춤 | 하 | 재 | 이 | 포 | 포 | 춤 | 칭 | 행 | 독 | 게 | 수 |
| 율 | 법 | 권 | 권 | 권 | 캠 | 임 | 예 | 이 | 여 | 핑 | 포 | 스 | 임 |
| 하 | 게 | 기 | 즐 | 시 | 포 | 휴 | 임 | 예 | 이 | 구 | 뻠 | 시 | 수 |
| 독 | 핑 | 림 | 시 | 식 | 세 | 로 | 활 | 투 | 봉 | 야 | 원 | 여 | 이 |
| 동 | 킹 | 구 | 술 | 물 | 방 | 이 | 서 | 이 | 킹 | 동 | 마 | 핑 | 게 |
| 낚 | 권 | 츠 | 물 | 도 | 정 | 사 | 론 | 뻠 | 캠 | 킹 | 포 | 구 | 사 |
| 게 | 구 | 야 | 도 | 논 | 식 | 삼 | 각 | 형 | 표 | 키 | 스 | 원 | 여 |
| 수 | 춤 | 심 | 낚 | 법 | 리 | 포 | 술 | 뻠 | 면 | 림 | 술 | 수 | 춤 |
| 곡 | 선 | 봉 | 기 | 포 | 심 | 임 | 야 | 그 | 츠 | 심 | 원 | 편 | 다 |
| 낚 | 사 | 분 | 절 | 가 | 심 | 그 | 스 | 게 | 가 | 재 | 캠 | 휴 | 캠 |
| 식 | 계 | 수 | 평 | 재 | 수 | 진 | 가 | 식 | 핑 | 편 | 다 | 독 | 도 |
| 재 | 산 | 각 | 관 | 마 | 지 | 름 | 중 | 앙 | 값 | 뻠 | 게 | 하 | 관 |
| 핑 | 핑 | 도 | 서 | 사 | 다 | 치 | 수 | 예 | 렵 | 임 | 도 | 휴 | 사 |

| | |
|---|---|
| 각도 | 평행 |
| 계산 | 비율 |
| 곡선 | 분절 |
| 지름 | 대칭 |
| 치수 | 표면 |
| 방정식 | 이론 |
| 논리 | 삼각형 |
| 중앙값 | 세로 |
| 수평 | |

# 80 - Foresta Pluviale

| 독 | 휴 | 귀 | 피 | 진 | 가 | 킹 | 포 | 곤 | 밀 | 관 | 생 | 핑 | 편 |
| 스 | 하 | 심 | 중 | 난 | 킹 | 양 | 식 | 충 | 하 | 림 | 존 | 물 | 렵 |
| 심 | 렵 | 캠 | 존 | 한 | 휴 | 서 | 물 | 사 | 다 | 농 | 법 | 진 | 수 |
| 포 | 스 | 렵 | 활 | 관 | 여 | 류 | 수 | 법 | 즐 | 커 | 뮤 | 니 | 티 |
| 가 | 물 | 그 | 재 | 동 | 봉 | 유 | 술 | 권 | 렵 | 구 | 공 | 예 | 공 |
| 기 | 후 | 핑 | 즐 | 봉 | 퍼 | 포 | 여 | 핑 | 재 | 다 | 서 | 봉 | 캠 |
| 야 | 투 | 활 | 법 | 독 | 사 | 물 | 봉 | 이 | 끼 | 양 | 캠 | 재 | 림 |
| 투 | 구 | 보 | 존 | 스 | 그 | 활 | 농 | 봉 | 캠 | 성 | 진 | 기 | 물 |
| 게 | 독 | 식 | 뺌 | 게 | 즐 | 다 | 원 | 휴 | 투 | 퍼 | 심 | 뺌 | 스 |
| 동 | 하 | 종 | 야 | 그 | 야 | 복 | 도 | 도 | 수 | 림 | 도 | 재 | 다 |
| 예 | 물 | 춤 | 다 | 즐 | 름 | 구 | 임 | 편 | 물 | 휴 | 이 | 식 | 캠 |
| 시 | 식 | 스 | 봉 | 동 | 술 | 킹 | 조 | 마 | 낚 | 서 | 다 | 뺌 | 농 |
| 마 | 즐 | 그 | 관 | 야 | 춤 | 퍼 | 류 | 포 | 게 | 림 | 법 | 자 | 도 |
| 식 | 이 | 편 | 투 | 게 | 핑 | 서 | 마 | 스 | 렵 | 공 | 원 | 연 | 하 |

양서류

식물

기후

커뮤니티

다양성

밀림

곤충

포유류

이끼

자연

구름

보존

귀중한

복구

피난

존중

생존

조류

# 81 - Edifici

| 휴 | 핑 | 법 | 병 | 게 | 경 | 기 | 장 | 야 | 시 | 진 | 독 | 기 | 원 |
|---|---|---|---|---|---|---|---|---|---|---|---|---|---|
| 박 | 물 | 관 | 원 | 렵 | 아 | 파 | 트 | 관 | 권 | 즐 | 사 | 가 | 임 |
| 슈 | 퍼 | 마 | 켓 | 구 | 여 | 캠 | 휴 | 봉 | 스 | 야 | 물 | 야 | 시 |
| 공 | 동 | 탑 | 퍼 | 편 | 림 | 편 | 가 | 춤 | 전 | 농 | 재 | 권 | 도 |
| 사 | 야 | 구 | 마 | 렵 | 캠 | 휴 | 물 | 그 | 망 | 킹 | 스 | 극 | 림 |
| 호 | 재 | 수 | 그 | 포 | 농 | 원 | 기 | 휴 | 대 | 다 | 다 | 장 | 물 |
| 즐 | 텔 | 스 | 호 | 권 | 성 | 스 | 식 | 대 | 농 | 여 | 그 | 공 | 여 |
| 즐 | 하 | 봉 | 캠 | 춤 | 포 | 킹 | 여 | 사 | 포 | 독 | 물 | 기 | 스 |
| 시 | 도 | 캐 | 기 | 헛 | 임 | 텐 | 야 | 관 | 기 | 게 | 대 | 학 | 즐 |
| 영 | 화 | 낚 | 빈 | 간 | 시 | 트 | 도 | 편 | 편 | 임 | 그 | 법 | 하 |
| 봉 | 다 | 활 | 스 | 춤 | 이 | 투 | 이 | 심 | 다 | 기 | 식 | 재 | 캠 |
| 그 | 렵 | 기 | 가 | 츠 | 게 | 실 | 그 | 캠 | 스 | 렵 | 재 | 법 | 핑 |
| 서 | 기 | 서 | 술 | 휴 | 권 | 험 | 진 | 야 | 물 | 기 | 다 | 캠 | 봉 |
| 뽐 | 권 | 마 | 기 | 학 | 교 | 실 | 진 | 구 | 관 | 춤 | 그 | 핑 | 재 |

| | |
|---|---|
| 대사관 | 병원 |
| 아파트 | 전망대 |
| 캐빈 | 호스텔 |
| 영화 | 학교 |
| 공장 | 경기장 |
| 헛간 | 슈퍼마켓 |
| 호텔 | 극장 |
| 실험실 | 텐트 |
| 박물관 | 대학 |

| | | | | | | | | | | | | | |
|---|---|---|---|---|---|---|---|---|---|---|---|---|---|
| 낚 | 구 | 하 | 춤 | 수 | 아 | 아 | 리 | 지 | 이 | 나 | 우 | 시 | 가 |
| 우 | 크 | 라 | 이 | 나 | 이 | 일 | 게 | 핑 | 츠 | 핑 | 간 | 공 | 농 |
| 봉 | 봉 | 가 | 다 | 즐 | 티 | 랜 | 캠 | 도 | 인 | 핑 | 다 | 스 | 도 |
| 낚 | 즐 | 포 | 법 | 퍼 | 농 | 드 | 퍼 | 게 | 도 | 구 | 렵 | 마 | 독 |
| 쁨 | 춤 | 활 | 렵 | 시 | 권 | 츠 | 게 | 편 | 네 | 츠 | 원 | 물 | 가 |
| 퍼 | 수 | 캠 | 춤 | 마 | 재 | 시 | 수 | 봉 | 시 | 스 | 도 | 물 | 가 |
| 러 | 퍼 | 봉 | 하 | 심 | 쁨 | 낚 | 식 | 사 | 아 | 리 | 베 | 이 | 라 |
| 예 | 시 | 춤 | 렵 | 다 | 수 | 츠 | 춤 | 시 | 피 | 그 | 기 | 퍼 | 이 |
| 편 | 심 | 아 | 캠 | 활 | 파 | 술 | 기 | 핑 | 오 | 사 | 그 | 수 | 관 |
| 포 | 캠 | 네 | 팔 | 그 | 츠 | 키 | 마 | 일 | 티 | 공 | 진 | 스 | 재 |
| 독 | 가 | 동 | 심 | 마 | 투 | 핑 | 스 | 본 | 에 | 스 | 쁨 | 쁨 | 다 |
| 멕 | 알 | 바 | 니 | 아 | 즐 | 시 | 오 | 탄 | 공 | 봉 | 활 | 덴 | 도 |
| 기 | 시 | 자 | 메 | 이 | 카 | 리 | 라 | 봉 | 퍼 | 수 | 단 | 마 | 휴 |
| 림 | 휴 | 코 | 게 | 도 | 서 | 아 | 킹 | 킹 | 편 | 물 | 렵 | 크 | 활 |

| | |
|---|---|
| 알바니아 | 라이베리아 |
| 덴마크 | 멕시코 |
| 에티오피아 | 네팔 |
| 자메이카 | 나이지리아 |
| 일본 | 파키스탄 |
| 그리스 | 러시아 |
| 아이티 | 시리아 |
| 인도네시아 | 수단 |
| 아일랜드 | 우크라이나 |
| 라오스 | 우간다 |

# 83 - Tipi di Capelli

| | | | | | | | | | | | | | |
|---|---|---|---|---|---|---|---|---|---|---|---|---|---|
| 빛 | 나 | 는 | 심 | 원 | 예 | 공 | 두 | 수 | 도 | 퍼 | 식 | 독 | 식 |
| 진 | 권 | 긴 | 기 | 여 | 금 | 물 | 관 | 꺼 | 예 | 부 | 회 | 하 | 구 |
| 활 | 마 | 술 | 여 | 독 | 발 | 활 | 사 | 기 | 운 | 드 | 색 | 얀 | 다 |
| 뺌 | 그 | 임 | 포 | 투 | 다 | 하 | 핑 | 뺌 | 기 | 러 | 여 | 예 | 수 |
| 곱 | 권 | 건 | 츠 | 가 | 츠 | 야 | 기 | 물 | 진 | 운 | 임 | 야 | 포 |
| 야 | 슬 | 낡 | 강 | 기 | 술 | 블 | 랙 | 농 | 그 | 도 | 독 | 독 | 도 |
| 활 | 게 | 띠 | 매 | 한 | 갈 | 색 | 여 | 구 | 기 | 짧 | 은 | 얇 | 투 |
| 대 | 머 | 리 | 끄 | 렵 | 심 | 재 | 휴 | 뺌 | 봉 | 퍼 | 그 | 휴 | 투 |
| 스 | 공 | 머 | 러 | 재 | 낡 | 심 | 편 | 퍼 | 심 | 투 | 재 | 렵 | 퍼 |
| 꼰 | 춤 | 예 | 운 | 법 | 마 | 휴 | 사 | 임 | 권 | 뺌 | 동 | 투 | 원 |
| 퍼 | 예 | 게 | 편 | 공 | 른 | 게 | 도 | 가 | 도 | 츠 | 투 | 독 | 권 |
| 농 | 법 | 즐 | 림 | 법 | 도 | 권 | 포 | 술 | 즐 | 원 | 즐 | 임 | 구 |
| 사 | 편 | 진 | 도 | 권 | 츠 | 은 | 츠 | 예 | 핑 | 시 | 활 | 법 | 시 |
| 츠 | 이 | 하 | 재 | 낡 | 사 | 림 | 봉 | 츠 | 법 | 관 | 예 | 농 | 활 |

마른
하얀
금발
짧은
대머리
회색
매끄러운
빛나는

갈색
부드러운
블랙
곱슬
건강한
얇은
두꺼운
머리띠

# 84 - Vestiti

| 수 | 그 | 스 | 구 | 스 | 포 | 여 | 예 | 핑 | 구 | 캠 | 술 | 심 | 사 |
|---|---|---|---|---|---|---|---|---|---|---|---|---|---|
| 낚 | 다 | 핑 | 두 | 구 | 렵 | 재 | 봉 | 수 | 법 | 캠 | 구 | 권 | 스 |
| 앞 | 치 | 마 | 재 | 바 | 림 | 농 | 즐 | 휴 | 원 | 낚 | 공 | 킹 | 즐 |
| 관 | 기 | 치 | 킷 | 지 | 바 | 청 | 공 | 츠 | 농 | 렵 | 기 | 포 | 진 |
| 권 | 독 | 퍼 | 블 | 진 | 원 | 구 | 관 | 뽐 | 가 | 서 | 잠 | 원 | 봉 |
| 가 | 구 | 야 | 라 | 활 | 야 | 시 | 관 | 춤 | 재 | 편 | 원 | 옷 | 예 |
| 셔 | 여 | 술 | 우 | 물 | 식 | 여 | 츠 | 물 | 독 | 즐 | 여 | 투 | 임 |
| 춤 | 츠 | 다 | 스 | 퍼 | 식 | 샌 | 들 | 장 | 관 | 코 | 트 | 벨 | 진 |
| 퍼 | 사 | 캠 | 야 | 야 | 독 | 원 | 포 | 갑 | 동 | 낚 | 원 | 패 | 즐 |
| 재 | 마 | 물 | 팔 | 찌 | 림 | 예 | 뽐 | 여 | 술 | 낚 | 기 | 션 | 하 |
| 그 | 공 | 동 | 권 | 뽐 | 포 | 구 | 마 | 진 | 재 | 게 | 휴 | 포 | 캠 |
| 진 | 서 | 서 | 법 | 기 | 스 | 터 | 이 | 프 | 물 | 다 | 퍼 | 물 | 식 |
| 진 | 츠 | 목 | 걸 | 이 | 동 | 킹 | 웨 | 카 | 식 | 모 | 자 | 편 | 캠 |
| 공 | 가 | 휴 | 포 | 식 | 진 | 드 | 레 | 스 | 활 | 예 | 뽐 | 퍼 | 야 |

| | |
|---|---|
| 드레스 | 앞치마 |
| 팔찌 | 장갑 |
| 블라우스 | 청바지 |
| 셔츠 | 스웨터 |
| 모자 | 패션 |
| 코트 | 바지 |
| 벨트 | 잠옷 |
| 목걸이 | 샌들 |
| 재킷 | 구두 |
| 치마 | 스카프 |

# 85 - Attività e Tempo Libero

| 그 | 시 | 투 | 츠 | 그 | 포 | 스 | 게 | 그 | 식 | 축 | 독 | 다 | 예 |
|---|---|---|---|---|---|---|---|---|---|---|---|---|---|
| 야 | 술 | 재 | 마 | 기 | 봉 | 이 | 춤 | 관 | 수 | 구 | 시 | 시 | 술 |
| 농 | 물 | 심 | 킹 | 편 | 농 | 퍼 | 하 | 림 | 영 | 진 | 서 | 하 | 원 |
| 골 | 프 | 여 | 하 | 이 | 사 | 츠 | 법 | 캠 | 가 | 림 | 동 | 핑 | 예 |
| 이 | 캠 | 편 | 농 | 원 | 여 | 도 | 투 | 관 | 식 | 동 | 렵 | 다 | 캠 |
| 사 | 낚 | 그 | 심 | 이 | 야 | 가 | 공 | 사 | 술 | 공 | 법 | 농 | 임 |
| 권 | 게 | 농 | 식 | 쇼 | 예 | 츠 | 술 | 낚 | 쁨 | 사 | 권 | 구 | 관 |
| 시 | 투 | 낚 | 시 | 핑 | 물 | 진 | 킹 | 시 | 스 | 원 | 공 | 하 | 임 |
| 테 | 니 | 스 | 휴 | 다 | 독 | 다 | 쁨 | 게 | 즐 | 법 | 춤 | 야 | 기 |
| 스 | 봉 | 독 | 임 | 식 | 츠 | 동 | 술 | 쁨 | 낚 | 서 | 봉 | 구 | 심 |
| 다 | 이 | 빙 | 활 | 게 | 낚 | 시 | 스 | 이 | 시 | 권 | 진 | 배 | 렵 |
| 다 | 원 | 다 | 임 | 게 | 식 | 물 | 캠 | 쁨 | 농 | 쁨 | 마 | 식 | 공 |
| 하 | 이 | 킹 | 그 | 여 | 임 | 서 | 핑 | 하 | 여 | 행 | 림 | 취 | 미 |
| 낚 | 도 | 사 | 물 | 스 | 다 | 마 | 봉 | 여 | 심 | 사 | 수 | 시 | 캠 |

예술
야구
농구
권투
축구
캠핑
하이킹
원예
골프
취미

다이빙
수영
배구
낚시
휴식
쇼핑
서핑
테니스
여행

# 86 - Tecnologia

| | | | | | | | | | | | | |
|---|---|---|---|---|---|---|---|---|---|---|---|---|
| 서 | 메 | 봉 | 핑 | 파 | 퍼 | 뽐 | 그 | 림 | 기 | 가 | 블 | 퍼 | 소 |
| 식 | 시 | 이 | 낚 | 시 | 일 | 권 | 도 | 커 | 킹 | 핑 | 로 | 저 | 프 |
| 게 | 지 | 구 | 여 | 심 | 디 | 시 | 통 | 서 | 서 | 원 | 그 | 우 | 트 |
| 게 | 연 | 보 | 춤 | 바 | 지 | 공 | 계 | 즐 | 컴 | 카 | 메 | 라 | 웨 |
| 다 | 구 | 물 | 안 | 이 | 털 | 도 | 독 | 넷 | 퓨 | 가 | 원 | 브 | 어 |
| 여 | 진 | 원 | 도 | 러 | 서 | 그 | 츠 | 관 | 터 | 이 | 데 | 사 | 춤 |
| 동 | 물 | 물 | 수 | 스 | 수 | 법 | 심 | 동 | 수 | 인 | 바 | 진 | 렵 |
| 술 | 수 | 사 | 편 | 사 | 물 | 권 | 가 | 게 | 퍼 | 림 | 이 | 즐 | 화 |
| 농 | 여 | 마 | 핑 | 투 | 여 | 관 | 진 | 동 | 식 | 진 | 트 | 게 | 면 |
| 식 | 가 | 즐 | 재 | 관 | 여 | 캠 | 핑 | 심 | 야 | 구 | 츠 | 원 | 스 |
| 뽐 | 상 | 수 | 도 | 농 | 야 | 시 | 가 | 여 | 휴 | 마 | 글 | 꼴 | 츠 |
| 스 | 여 | 사 | 그 | 권 | 활 | 킹 | 포 | 휴 | 게 | 퍼 | 독 | 퍼 | 진 |
| 활 | 낚 | 진 | 시 | 재 | 동 | 술 | 원 | 임 | 수 | 공 | 하 | 퍼 | 춤 |
| 림 | 예 | 휴 | 활 | 시 | 농 | 그 | 활 | 뽐 | 마 | 편 | 야 | 진 | 동 |

블로그
브라우저
바이트
컴퓨터
커서
데이터
디지털
파일
글꼴
인터넷

메시지
연구
화면
보안
소프트웨어
통계
카메라
가상
바이러스

# 87 - Meteo

| 시 | 쁨 | 투 | 수 | 도 | 야 | 핑 | 무 | 낚 | 스 | 활 | 얼 | 여 | 서 |
|---|---|---|---|---|---|---|---|---|---|---|---|---|---|
| 서 | 봉 | 허 | 리 | 케 | 인 | 사 | 사 | 지 | 구 | 동 | 임 | 음 | 렵 |
| 시 | 진 | 핑 | 킹 | 시 | 춤 | 핑 | 포 | 하 | 개 | 번 | 야 | 즐 | 핑 |
| 퍼 | 봉 | 물 | 캠 | 법 | 핑 | 게 | 이 | 관 | 핑 | 진 | 법 | 캠 | 구 |
| 토 | 네 | 이 | 도 | 법 | 기 | 활 | 마 | 열 | 대 | 농 | 야 | 분 | 폭 |
| 포 | 예 | 구 | 진 | 림 | 쁨 | 공 | 하 | 권 | 스 | 게 | 야 | 위 | 풍 |
| 농 | 킹 | 바 | 미 | 심 | 캠 | 농 | 늘 | 렵 | 관 | 안 | 후 | 기 | 츠 |
| 우 | 기 | 람 | 풍 | 스 | 스 | 농 | 투 | 공 | 활 | 개 | 법 | 천 | 원 |
| 이 | 술 | 편 | 스 | 휴 | 권 | 봉 | 가 | 임 | 림 | 야 | 구 | 름 | 둥 |
| 포 | 여 | 츠 | 농 | 원 | 여 | 춤 | 품 | 낚 | 쁨 | 임 | 퍼 | 포 | 술 |
| 하 | 쁨 | 쁨 | 예 | 핑 | 구 | 공 | 재 | 온 | 도 | 진 | 캠 | 사 | 포 |
| 렵 | 심 | 심 | 마 | 공 | 투 | 가 | 낚 | 가 | 동 | 가 | 극 | 선 | 야 |
| 다 | 구 | 진 | 른 | 여 | 스 | 권 | 렵 | 킹 | 진 | 편 | 다 | 낚 | 낚 |
| 예 | 포 | 휴 | 킹 | 편 | 예 | 하 | 편 | 여 | 핑 | 야 | 핑 | 휴 | 캠 |

| | |
|---|---|
| 무지개 | 구름 |
| 마른 | 극선 |
| 분위기 | 가뭄 |
| 미풍 | 온도 |
| 하늘 | 폭풍 |
| 기후 | 토네이도 |
| 번개 | 열대 |
| 얼음 | 천둥 |
| 우기 | 허리케인 |
| 안개 | 바람 |

# 88 - Corpo Umano

| | | | | | | | | | | | | | | |
|---|---|---|---|---|---|---|---|---|---|---|---|---|---|---|
| 킹 | 퍼 | 사 | 진 | 임 | 식 | 얼 | 서 | 물 | 다 | 임 | 심 | 낚 | 서 | |
| 동 | 림 | 동 | 수 | 관 | 포 | 눈 | 굴 | 캠 | 원 | 편 | 뇌 | 장 | 그 | |
| 심 | 도 | 서 | 스 | 법 | 포 | 술 | 여 | 야 | 여 | 퍼 | 마 | 물 | 이 | |
| 식 | 물 | 가 | 권 | 낚 | 투 | 농 | 법 | 동 | 하 | 식 | 가 | 수 | 원 | |
| 동 | 뿜 | 식 | 그 | 가 | 식 | 하 | 킹 | 포 | 사 | 임 | 입 | 츠 | 포 | |
| 법 | 수 | 독 | 손 | 가 | 락 | 캠 | 턱 | 법 | 공 | 어 | 휴 | 목 | 그 | |
| 농 | 렵 | 팔 | 도 | 도 | 여 | 기 | 포 | 핑 | 여 | 핑 | 깨 | 캠 | 마 | |
| 관 | 물 | 꿈 | 원 | 독 | 공 | 활 | 즐 | 활 | 물 | 술 | 도 | 독 | 이 | |
| 예 | 사 | 치 | 시 | 발 | 목 | 킹 | 임 | 무 | 원 | 렵 | 진 | 즐 | 피 | |
| 도 | 이 | 퍼 | 물 | 활 | 공 | 편 | 원 | 름 | 심 | 렵 | 낚 | 관 | 부 | |
| 가 | 도 | 도 | 다 | 구 | 마 | 물 | 휴 | 예 | 수 | 하 | 관 | 재 | 렵 | 다 |
| 게 | 퍼 | 휴 | 원 | 귀 | 스 | 코 | 즐 | 농 | 퍼 | 렵 | 권 | 캠 | 리 | |
| 퍼 | 활 | 그 | 진 | 게 | 임 | 서 | 법 | 위 | 농 | 술 | 수 | 예 | 머 | |
| 수 | 킹 | 휴 | 구 | 포 | 림 | 식 | 활 | 이 | 퍼 | 뿜 | 농 | 휴 | | |

발목          무릎
심장          팔꿈치
손가락       피부
얼굴          어깨
다리          머리

# 89 - Mammiferi

| 춤 | 관 | 캠 | 가 | 래 | 고 | 도 | 캠 | 마 | 식 | 여 | 즐 | 물 | 양 |
|---|---|---|---|---|---|---|---|---|---|---|---|---|---|
| 코 | 요 | 테 | 독 | 투 | 양 | 곰 | 농 | 구 | 투 | 핑 | 동 | 관 | 캠 |
| 임 | 여 | 춤 | 즐 | 기 | 이 | 봉 | 원 | 스 | 식 | 코 | 구 | 예 | 서 |
| 봉 | 가 | 수 | 야 | 법 | 숭 | 사 | 법 | 관 | 원 | 끼 | 휴 | 가 | 말 |
| 투 | 마 | 수 | 권 | 사 | 원 | 다 | 편 | 예 | 권 | 리 | 도 | 봉 | 룩 |
| 술 | 퍼 | 임 | 관 | 포 | 하 | 봉 | 퍼 | 활 | 그 | 림 | 서 | 야 | 얼 |
| 토 | 가 | 늑 | 진 | 활 | 편 | 뼘 | 마 | 기 | 다 | 봉 | 가 | 다 | 낚 |
| 끼 | 시 | 킹 | 대 | 포 | 스 | 포 | 수 | 린 | 봉 | 낚 | 기 | 활 | 츠 |
| 고 | 릴 | 라 | 퍼 | 퍼 | 낚 | 림 | 원 | 림 | 림 | 자 | 사 | 휴 | 농 |
| 사 | 식 | 물 | 개 | 캥 | 거 | 루 | 여 | 봉 | 다 | 다 | 슴 | 물 | 편 |
| 도 | 다 | 공 | 즐 | 핑 | 낚 | 그 | 여 | 우 | 편 | 투 | 스 | 퍼 | 휴 |
| 사 | 도 | 야 | 술 | 농 | 렵 | 하 | 도 | 원 | 편 | 원 | 서 | 캠 | 식 |
| 돌 | 고 | 래 | 사 | 포 | 심 | 활 | 포 | 렵 | 렵 | 서 | 법 | 활 | 서 |
| 다 | 술 | 다 | 동 | 스 | 진 | 휴 | 황 | 소 | 핑 | 시 | 다 | 즐 | 림 |

고래  
캥거루  
사슴  
토끼  
코요테  
돌고래  
코끼리  
고양이  

기린  
고릴라  
사자  
늑대  
원숭이  
황소  
여우  
얼룩말

# 90 - Arrampicata

| 좁 | 훈 | 련 | 헬 | 투 | 수 | 사 | 가 | 퍼 | 물 | 편 | 관 | 공 | 핑 |
|---|---|---|---|---|---|---|---|---|---|---|---|---|---|
| 은 | 핑 | 가 | 멧 | 안 | 예 | 츠 | 여 | 이 | 즐 | 그 | 물 | 다 | 가 |
| 낚 | 식 | 기 | 하 | 정 | 마 | 투 | 스 | 다 | 농 | 렵 | 야 | 즐 | 이 |
| 수 | 스 | 그 | 진 | 성 | 호 | 기 | 심 | 임 | 츠 | 도 | 퍼 | 권 | 드 |
| 공 | 독 | 이 | 게 | 도 | 그 | 다 | 이 | 사 | 츠 | 다 | 여 | 진 | 임 |
| 게 | 부 | 츠 | 즐 | 공 | 다 | 독 | 기 | 편 | 장 | 갑 | 물 | 식 | 낚 |
| 관 | 낚 | 이 | 킹 | 야 | 캠 | 스 | 물 | 재 | 동 | 동 | 핑 | 렵 | 캠 |
| 편 | 사 | 스 | 즐 | 마 | 여 | 야 | 임 | 서 | 술 | 수 | 야 | 도 | 츠 |
| 지 | 형 | 심 | 캠 | 법 | 즐 | 농 | 예 | 분 | 전 | 도 | 고 | 포 | 하 |
| 지 | 도 | 구 | 하 | 퍼 | 사 | 관 | 동 | 그 | 위 | 문 | 즐 | 그 | 이 |
| 시 | 춤 | 렵 | 핑 | 림 | 킹 | 재 | 서 | 농 | 이 | 기 | 가 | 하 | 킹 |
| 춤 | 편 | 퍼 | 다 | 다 | 권 | 투 | 캠 | 서 | 마 | 렵 | 춤 | 임 | 게 |
| 마 | 공 | 낚 | 하 | 춤 | 물 | 렵 | 동 | 법 | 부 | 시 | 사 | 시 | 그 |
| 활 | 이 | 도 | 원 | 재 | 힘 | 휴 | 기 | 굴 | 상 | 포 | 즐 | 가 | 술 |

고도          가이드
분위기        부상
헬멧          지도
호기심        도전
하이킹        안정성
전문가        부츠
훈련          좁은
동굴          지형
장갑

# 91 - Animali Domestici

| 휴 | 독 | 강 | 거 | 햄 | 뱀 | 야 | 다 | 법 | 스 | 편 | 독 | 기 | 식 |
|---|---|---|---|---|---|---|---|---|---|---|---|---|---|
| 물 | 츠 | 아 | 북 | 스 | 활 | 다 | 도 | 법 | 소 | 핑 | 발 | 휴 | 서 |
| 렵 | 물 | 지 | 이 | 터 | 앵 | 킹 | 퍼 | 퍼 | 염 | 사 | 도 | 톱 | 캠 |
| 춤 | 고 | 야 | 마 | 츠 | 무 | 즐 | 관 | 핑 | 물 | 렵 | 심 | 하 | 수 |
| 농 | 기 | 개 | 독 | 츠 | 새 | 수 | 춤 | 퍼 | 진 | 봉 | 포 | 활 | 그 |
| 캠 | 수 | 동 | 사 | 마 | 독 | 의 | 물 | 동 | 투 | 여 | 구 | 가 | 즐 |
| 그 | 게 | 휴 | 도 | 핑 | 재 | 사 | 도 | 그 | 기 | 독 | 하 | 음 | 휴 |
| 스 | 동 | 가 | 고 | 양 | 이 | 춤 | 마 | 활 | 도 | 술 | 원 | 식 | 동 |
| 술 | 포 | 시 | 포 | 하 | 츠 | 렵 | 뱀 | 활 | 수 | 사 | 재 | 사 | 편 |
| 동 | 수 | 권 | 꼬 | 쥐 | 구 | 가 | 칼 | 서 | 캠 | 여 | 구 | 수 | 캠 |
| 하 | 림 | 가 | 리 | 임 | 이 | 동 | 츠 | 라 | 츠 | 퍼 | 물 | 핑 | 즐 |
| 활 | 구 | 봉 | 게 | 편 | 법 | 킹 | 이 | 여 | 렵 | 심 | 다 | 낚 | 게 |
| 예 | 토 | 술 | 츠 | 시 | 림 | 독 | 마 | 춤 | 진 | 독 | 관 | 공 | 서 |
| 이 | 끼 | 그 | 구 | 휴 | 다 | 권 | 기 | 권 | 다 | 물 | 즐 | 마 | 술 |

| | |
|---|---|
| 발톱 | 강아지 |
| 염소 | 고양이 |
| 음식 | 도마뱀 |
| 꼬리 | 앵무새 |
| 칼라 | 물고기 |
| 토끼 | 거북이 |
| 햄스터 | 수의사 |

# 92 - Cucina

| 냉 | 술 | 림 | 게 | 재 | 시 | 예 | 예 | 원 | 재 | 독 | 춤 | 독 | 킹 |
|---|---|---|---|---|---|---|---|---|---|---|---|---|---|
| 장 | 농 | 술 | 진 | 활 | 퍼 | 투 | 수 | 물 | 오 | 식 | 야 | 스 | 즐 |
| 고 | 향 | 신 | 료 | 게 | 레 | 포 | 낚 | 봉 | 븐 | 심 | 권 | 펀 | 편 |
| 재 | 젓 | 즐 | 원 | 낚 | 시 | 그 | 릇 | 포 | 진 | 냉 | 츠 | 지 | 원 |
| 예 | 예 | 가 | 재 | 도 | 피 | 법 | 편 | 가 | 핑 | 동 | 사 | 렵 | 캠 |
| 다 | 편 | 게 | 락 | 그 | 릴 | 기 | 게 | 포 | 즐 | 고 | 법 | 림 | 수 |
| 권 | 킹 | 츠 | 가 | 스 | 하 | 렵 | 동 | 핑 | 식 | 휴 | 활 | 춤 | 사 |
| 포 | 게 | 쁨 | 숟 | 즐 | 렵 | 원 | 독 | 재 | 식 | 물 | 수 | 권 | 활 |
| 진 | 핑 | 캠 | 킹 | 낚 | 캠 | 이 | 농 | 낚 | 재 | 농 | 원 | 원 | 핑 |
| 여 | 다 | 포 | 음 | 식 | 칼 | 앞 | 치 | 마 | 국 | 기 | 술 | 동 | 포 |
| 활 | 렵 | 크 | 사 | 그 | 춤 | 수 | 이 | 츠 | 자 | 전 | 주 | 그 | 낚 |
| 포 | 법 | 츠 | 하 | 식 | 권 | 동 | 물 | 림 | 투 | 츠 | 가 | 즐 | 사 |
| 서 | 물 | 도 | 시 | 원 | 재 | 공 | 포 | 이 | 냅 | 예 | 다 | 임 | 쁨 |
| 컵 | 가 | 항 | 아 | 리 | 낚 | 포 | 식 | 사 | 관 | 킨 | 활 | 권 | 사 |

젓가락  
주전자  
음식  
그릇  
냉동고  
숟가락  
포크  
오븐  
냉장고  

앞치마  
그릴  
국자  
레시피  
향신료  
스펀지  
냅킨  
항아리

# 93 - Giardinaggio

| 뼘 | 꽃 | 수 | 포 | 사 | 춤 | 도 | 원 | 심 | 이 | 이 | 동 | 용 | 림 |
|---|---|---|---|---|---|---|---|---|---|---|---|---|---|
| 기 | 후 | 다 | 재 | 계 | 하 | 뼘 | 뼘 | 포 | 국 | 토 | 양 | 식 | 물 |
| 시 | 이 | 물 | 발 | 절 | 스 | 구 | 흙 | 임 | 적 | 하 | 림 | 수 | 분 |
| 사 | 렵 | 활 | 심 | 사 | 진 | 법 | 투 | 시 | 인 | 구 | 이 | 종 | 편 |
| 이 | 시 | 킹 | 심 | 츠 | 법 | 식 | 즐 | 기 | 야 | 이 | 가 | 가 | 렵 |
| 퍼 | 재 | 여 | 렵 | 편 | 사 | 씨 | 핑 | 이 | 다 | 재 | 핑 | 츠 | 다 |
| 즐 | 가 | 술 | 술 | 관 | 관 | 게 | 앗 | 림 | 잎 | 플 | 로 | 랄 | 다 |
| 다 | 핑 | 권 | 심 | 여 | 림 | 농 | 법 | 핑 | 법 | 구 | 핑 | 농 | 휴 |
| 가 | 과 | 수 | 원 | 호 | 스 | 스 | 여 | 츠 | 관 | 다 | 시 | 마 | 킹 |
| 활 | 그 | 컨 | 테 | 이 | 너 | 핑 | 시 | 동 | 이 | 농 | 예 | 하 | 재 |
| 퍼 | 봉 | 사 | 심 | 캠 | 권 | 가 | 관 | 여 | 서 | 그 | 투 | 구 | 식 |
| 휴 | 예 | 식 | 물 | 야 | 가 | 포 | 림 | 봉 | 여 | 휴 | 농 | 스 | 심 |
| 심 | 퇴 | 야 | 임 | 춤 | 사 | 기 | 이 | 원 | 권 | 도 | 편 | 사 | 구 |
| 츠 | 비 | 술 | 독 | 재 | 식 | 캠 | 기 | 이 | 편 | 농 | 마 | 동 | 꽃 |

식물　　　　　　　과수원
기후　　　　　　　꽃다발
식용　　　　　　　씨앗
퇴비　　　　　　　계절
컨테이너　　　　　토양
이국적인　　　　　호스
플로랄　　　　　　수분

# 94 - Universo

| 춤 | 춤 | 시 | 림 | 원 | 천 | 이 | 스 | 소 | 기 | 조 | 관 | 궤 | 독 |
|---|---|---|---|---|---|---|---|---|---|---|---|---|---|
| 반 | 구 | 낚 | 낚 | 게 | 그 | 상 | 투 | 행 | 낚 | 디 | 구 | 도 | 사 |
| 하 | 물 | 편 | 마 | 보 | 이 | 는 | 의 | 성 | 수 | 악 | 그 | 경 | 법 |
| 춤 | 봉 | 즐 | 스 | 이 | 퍼 | 츠 | 수 | 스 | 평 | 포 | 동 | 여 | 스 |
| 법 | 심 | 식 | 퍼 | 원 | 예 | 임 | 야 | 은 | 선 | 권 | 사 | 임 | 이 |
| 츠 | 캠 | 관 | 수 | 편 | 봉 | 쁨 | 늘 | 하 | 술 | 퍼 | 편 | 편 | 진 |
| 활 | 렵 | 독 | 포 | 포 | 수 | 관 | 마 | 위 | 마 | 수 | 관 | 우 | 동 |
| 가 | 식 | 낚 | 심 | 킹 | 기 | 시 | 사 | 여 | 도 | 법 | 지 | 주 | 편 |
| 술 | 가 | 다 | 심 | 캠 | 심 | 태 | 포 | 낚 | 예 | 권 | 점 | 시 | 퍼 |
| 구 | 사 | 심 | 캠 | 술 | 캠 | 양 | 독 | 재 | 법 | 즐 | 렵 | 포 | 퍼 |
| 기 | 원 | 이 | 동 | 임 | 활 | 분 | 공 | 여 | 구 | 도 | 렵 | 포 | 농 |
| 망 | 수 | 공 | 쁨 | 낚 | 하 | 핑 | 위 | 킹 | 도 | 원 | 달 | 다 | 농 |
| 원 | 천 | 문 | 학 | 어 | 진 | 진 | 관 | 기 | 천 | 문 | 학 | 자 | 식 |
| 경 | 휴 | 야 | 농 | 둠 | 공 | 춤 | 서 | 사 | 춤 | 그 | 공 | 츠 | 권 |

| | |
|---|---|
| 소행성 | 위도 |
| 천문학 | 경도 |
| 천문학자 | 궤도 |
| 분위기 | 수평선 |
| 어둠 | 태양 |
| 천상의 | 지점 |
| 하늘 | 망원경 |
| 우주 | 보이는 |
| 반구 | 조디악 |
| 은하 | |

# 95 - Jazz

| 핑 | 이 | 진 | 원 | 수 | 다 | 도 | 활 | 즐 | 편 | 낚 | 식 | 임 | 오 |
|---|---|---|---|---|---|---|---|---|---|---|---|---|---|
| 즉 | 흥 | 연 | 주 | 그 | 편 | 술 | 야 | 오 | 낚 | 킹 | 야 | 도 | 케 |
| 이 | 술 | 독 | 권 | 춤 | 즐 | 즐 | 림 | 래 | 농 | 콘 | 서 | 트 | 스 |
| 예 | 술 | 가 | 강 | 조 | 노 | 래 | 뿜 | 된 | 야 | 다 | 구 | 킹 | 트 |
| 기 | 이 | 곡 | 진 | 서 | 캠 | 야 | 게 | 재 | 예 | 술 | 춤 | 스 | 라 |
| 관 | 임 | 작 | 사 | 야 | 술 | 이 | 게 | 임 | 재 | 퍼 | 야 | 킹 | 낚 |
| 킹 | 사 | 박 | 수 | 물 | 식 | 재 | 하 | 스 | 식 | 킹 | 원 | 봉 | 킹 |
| 이 | 편 | 원 | 활 | 츠 | 가 | 앨 | 마 | 도 | 타 | 유 | 봉 | 수 | 킹 |
| 재 | 능 | 기 | 찾 | 겨 | 즐 | 범 | 새 | 로 | 운 | 일 | 명 | 물 | 춤 |
| 동 | 동 | 술 | 술 | 재 | 퍼 | 마 | 투 | 구 | 성 | 사 | 하 | 한 | 림 |
| 서 | 가 | 식 | 활 | 수 | 렵 | 관 | 마 | 예 | 편 | 도 | 진 | 시 | 동 |
| 시 | 관 | 킹 | 낚 | 재 | 마 | 스 | 다 | 권 | 이 | 휴 | 휴 | 뿜 | 투 |
| 뿜 | 서 | 스 | 구 | 동 | 츠 | 마 | 마 | 예 | 리 | 듬 | 장 | 르 | 음 |
| 여 | 시 | 서 | 편 | 봉 | 게 | 동 | 핑 | 물 | 포 | 진 | 술 | 킹 | 악 |

앨범
박수
예술가
노래
작곡가
구성
콘서트
강조
유명한
장르

즉흥 연주
음악
새로운
오케스트라
즐겨찾기
리듬
스타일
재능
기술
오래된

# 96 - Vacanze #2

| 임 | 술 | 핑 | 물 | 기 | 가 | 여 | 임 | 바 | 핑 | 섬 | 공 | 권 | 예 |
|---|---|---|---|---|---|---|---|---|---|---|---|---|---|
| 게 | 가 | 법 | 외 | 기 | 차 | 행 | 봉 | 다 | 스 | 이 | 렵 | 물 | 하 |
| 식 | 춤 | 포 | 텐 | 국 | 서 | 게 | 진 | 편 | 법 | 낚 | 공 | 활 | 캠 |
| 야 | 기 | 구 | 트 | 킹 | 인 | 그 | 그 | 즐 | 림 | 퍼 | 항 | 물 | 시 |
| 여 | 그 | 낚 | 림 | 가 | 도 | 공 | 게 | 독 | 시 | 목 | 관 | 봉 | 다 |
| 식 | 권 | 가 | 심 | 츠 | 츠 | 츠 | 시 | 즐 | 야 | 예 | 적 | 도 | 야 |
| 임 | 진 | 진 | 임 | 하 | 하 | 술 | 재 | 재 | 스 | 림 | 술 | 지 | 퍼 |
| 낚 | 독 | 가 | 캠 | 핑 | 비 | 자 | 해 | 이 | 수 | 여 | 휴 | 스 | 즐 |
| 핑 | 뺌 | 공 | 봉 | 춤 | 즐 | 스 | 변 | 독 | 여 | 식 | 일 | 이 | 편 |
| 하 | 수 | 야 | 식 | 마 | 구 | 농 | 편 | 진 | 진 | 활 | 낚 | 시 | 야 |
| 서 | 독 | 춤 | 당 | 관 | 구 | 관 | 교 | 편 | 이 | 택 | 시 | 게 | 춤 |
| 권 | 물 | 사 | 예 | 진 | 식 | 도 | 통 | 수 | 캠 | 이 | 낚 | 사 | 포 |
| 봉 | 투 | 관 | 심 | 동 | 임 | 예 | 핑 | 여 | 권 | 농 | 편 | 투 | 즐 |
| 호 | 텔 | 수 | 그 | 사 | 포 | 춤 | 캠 | 낚 | 권 | 핑 | 사 | 진 | 가 |

| | |
|---|---|
| 공항 | 외국인 |
| 캠핑 | 택시 |
| 목적지 | 여가 |
| 사진 | 텐트 |
| 호텔 | 교통 |
| 지도 | 기차 |
| 바다 | 휴일 |
| 여권 | 여행 |
| 식당 | 비자 |
| 해변 | |

# 97 - Attività

| 심 | 사 | 독 | 캠 | 이 | 권 | 편 | 츠 | 포 | 식 | 핑 | 식 | 가 | 심 |
|---|---|---|---|---|---|---|---|---|---|---|---|---|---|
| 림 | 도 | 서 | 봉 | 퍼 | 술 | 시 | 퍼 | 여 | 식 | 공 | 동 | 기 | 여 |
| 마 | 퍼 | 마 | 퍼 | 원 | 낚 | 편 | 물 | 임 | 활 | 게 | 임 | 다 | 술 |
| 투 | 법 | 퍼 | 수 | 편 | 춤 | 사 | 킹 | 재 | 봉 | 편 | 여 | 원 | 즐 |
| 임 | 즐 | 즐 | 법 | 기 | 캠 | 예 | 즐 | 스 | 활 | 예 | 기 | 하 | 동 |
| 뺨 | 여 | 휴 | 관 | 시 | 마 | 야 | 그 | 가 | 심 | 권 | 예 | 활 | 동 |
| 여 | 원 | 물 | 재 | 관 | 동 | 수 | 렵 | 킹 | 관 | 야 | 활 | 사 | 식 |
| 춤 | 야 | 술 | 휴 | 식 | 춤 | 가 | 사 | 다 | 심 | 야 | 다 | 즐 | 킹 |
| 식 | 즐 | 뺨 | 권 | 원 | 권 | 렵 | 공 | 휴 | 사 | 이 | 림 | 마 | 진 |
| 여 | 가 | 츠 | 기 | 임 | 캠 | 뺨 | 핑 | 수 | 심 | 즐 | 원 | 즐 | 술 |
| 가 | 림 | 관 | 술 | 예 | 공 | 원 | 하 | 사 | 공 | 가 | 마 | 권 | 편 |
| 낚 | 여 | 식 | 공 | 진 | 사 | 예 | 이 | 재 | 렵 | 그 | 게 | 뺨 | 가 |
| 기 | 림 | 관 | 캠 | 핑 | 사 | 낚 | 킹 | 동 | 하 | 원 | 렵 | 렵 | 스 |
| 퍼 | 뺨 | 킹 | 기 | 법 | 다 | 시 | 캠 | 여 | 즐 | 림 | 농 | 다 | 원 |

기술
예술
공예
활동
수렵
캠핑
재봉
하이킹
사진술
원예

게임
관심사
독서
마법
편물
낚시
기쁨
퍼즐
휴식
여가

# 98 - Diplomazia

| | | | | | | | | | | | | | |
|---|---|---|---|---|---|---|---|---|---|---|---|---|---|
| 대 | 사 | 수 | 핑 | 편 | 동 | 시 | 민 | 쁨 | 언 | 농 | 윤 | 정 | 의 |
| 퍼 | 핑 | 그 | 사 | 도 | 활 | 여 | 원 | 마 | 어 | 야 | 편 | 리 | 게 |
| 춤 | 편 | 구 | 다 | 낚 | 물 | 권 | 도 | 술 | 동 | 관 | 킹 | 식 | 학 |
| 공 | 핑 | 시 | 여 | 킹 | 봉 | 이 | 스 | 림 | 춤 | 투 | 동 | 퍼 | 여 |
| 대 | 쁨 | 심 | 갈 | 등 | 하 | 식 | 그 | 구 | 핑 | 쁨 | 인 | 협 | 력 |
| 츠 | 사 | 낚 | 렵 | 야 | 투 | 핑 | 림 | 킹 | 쁨 | 독 | 도 | 임 | 쁨 |
| 권 | 농 | 관 | 이 | 보 | 안 | 고 | 문 | 재 | 시 | 핑 | 주 | 공 | 심 |
| 진 | 하 | 권 | 투 | 마 | 조 | 다 | 이 | 즐 | 렵 | 원 | 의 | 봉 | 사 |
| 즐 | 가 | 무 | 시 | 동 | 약 | 공 | 사 | 포 | 정 | 임 | 외 | 원 | 원 |
| 가 | 책 | 결 | 해 | 원 | 재 | 동 | 마 | 독 | 예 | 부 | 교 | 커 | 가 |
| 진 | 여 | 성 | 재 | 즐 | 토 | 핑 | 진 | 게 | 해 | 심 | 심 | 뮤 | 다 |
| 식 | 츠 | 투 | 사 | 구 | 론 | 봉 | 투 | 여 | 결 | 휴 | 하 | 니 | 쁨 |
| 정 | 재 | 임 | 구 | 공 | 수 | 재 | 즐 | 낚 | 가 | 여 | 진 | 티 | 진 |
| 치 | 츠 | 퍼 | 수 | 술 | 다 | 사 | 진 | 봉 | 휴 | 활 | 포 | 물 | 심 |

| | |
|---|---|
| 대사관 | 정의 |
| 대사 | 정부 |
| 시민 | 무결성 |
| 커뮤니티 | 언어 |
| 갈등 | 정치 |
| 고문 | 해결 |
| 협력 | 보안 |
| 외교 | 해결책 |
| 토론 | 조약 |
| 윤리학 | 인도주의 |

# 99 - Forniture Artistiche

| 수 | 창 | 여 | 예 | 봉 | 재 | 서 | 도 | 야 | 물 | 아 | 기 | 독 | 투 |
|---|---|---|---|---|---|---|---|---|---|---|---|---|---|
| 여 | 의 | 다 | 독 | 권 | 도 | 술 | 연 | 포 | 하 | 이 | 름 | 법 | 핑 |
| 술 | 성 | 즐 | 사 | 식 | 포 | 림 | 필 | 가 | 렵 | 디 | 이 | 물 | 활 |
| 편 | 게 | 독 | 낚 | 잉 | 크 | 지 | 사 | 원 | 시 | 어 | 캠 | 물 | 핑 |
| 게 | 게 | 가 | 동 | 림 | 원 | 우 | 권 | 림 | 식 | 아 | 식 | 캠 | 츠 |
| 편 | 독 | 식 | 표 | 독 | 동 | 개 | 카 | 메 | 라 | 크 | 권 | 춤 | 진 |
| 법 | 낚 | 원 | 점 | 투 | 화 | 가 | 캠 | 재 | 다 | 릴 | 식 | 퍼 | 렵 |
| 뽐 | 임 | 핑 | 활 | 토 | 사 | 채 | 색 | 상 | 여 | 구 | 휴 | 이 | 수 |
| 법 | 식 | 법 | 즐 | 투 | 림 | 식 | 수 | 활 | 심 | 파 | 스 | 텔 | 독 |
| 종 | 게 | 원 | 의 | 자 | 야 | 포 | 법 | 캠 | 권 | 법 | 투 | 숯 | 식 |
| 이 | 하 | 시 | 구 | 사 | 공 | 봉 | 재 | 편 | 이 | 킹 | 접 | 재 | 이 |
| 뽐 | 스 | 핑 | 식 | 기 | 림 | 활 | 가 | 활 | 다 | 관 | 착 | 투 | 춤 |
| 물 | 심 | 수 | 게 | 여 | 관 | 마 | 심 | 식 | 마 | 캠 | 제 | 렵 | 츠 |
| 공 | 림 | 춤 | 식 | 렵 | 독 | 도 | 브 | 러 | 쉬 | 구 | 구 | 진 | 핑 |

수채화
아크릴
점토
종이
화가
접착제
색상
창의성
지우개

아이디어
잉크
연필
기름
파스텔
의자
브러쉬
카메라

# 100 - Misurazioni

| 뽐 | 킬 | 로 | 그 | 램 | 핑 | 하 | 심 | 식 | 진 | 권 | 편 | 임 | 십 |
|---|---|---|---|---|---|---|---|---|---|---|---|---|---|
| 야 | 츠 | 심 | 식 | 그 | 핑 | 그 | 스 | 무 | 뽐 | 이 | 음 | 량 | 진 |
| 구 | 인 | 치 | 츠 | 뽐 | 게 | 도 | 포 | 게 | 독 | 미 | 터 | 투 | 수 |
| 권 | 식 | 포 | 서 | 도 | 휴 | 퍼 | 술 | 마 | 정 | 도 | 미 | 뽐 | 낚 |
| 원 | 포 | 핑 | 농 | 임 | 도 | 림 | 하 | 키 | 춤 | 다 | 티 | 봉 | 편 |
| 재 | 낚 | 다 | 야 | 게 | 재 | 물 | 다 | 사 | 퍼 | 재 | 센 | 뽐 | 시 |
| 진 | 가 | 봉 | 예 | 독 | 춤 | 그 | 구 | 퍼 | 심 | 톤 | 편 | 포 | 농 |
| 편 | 예 | 법 | 진 | 그 | 다 | 공 | 렵 | 핑 | 림 | 도 | 깊 | 츠 | 여 |
| 스 | 핑 | 뽐 | 휴 | 분 | 진 | 너 | 비 | 핑 | 사 | 휴 | 기 | 이 | 진 |
| 휴 | 춤 | 물 | 스 | 하 | 파 | 인 | 트 | 마 | 예 | 식 | 그 | 바 | 캠 |
| 하 | 리 | 터 | 미 | 로 | 킬 | 렵 | 수 | 물 | 스 | 공 | 재 | 이 | 법 |
| 스 | 법 | 농 | 서 | 원 | 원 | 킹 | 여 | 원 | 농 | 봉 | 관 | 트 | 편 |
| 시 | 재 | 마 | 식 | 편 | 예 | 춤 | 츠 | 스 | 권 | 재 | 법 | 봉 | 시 |
| 여 | 서 | 시 | 구 | 물 | 이 | 야 | 구 | 길 | 이 | 온 | 스 | 예 | 퍼 |

바이트
센티미터
킬로그램
킬로미터
십진수
정도
그램
너비
리터

길이
미터
온스
무게
파인트
인치
깊이
음량

## 1 - Scacchi

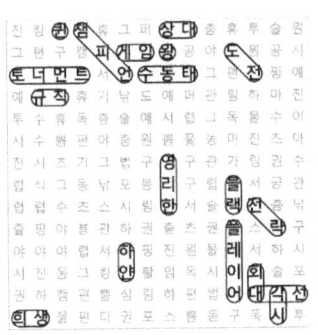

## 2 - Salute e Benessere #2

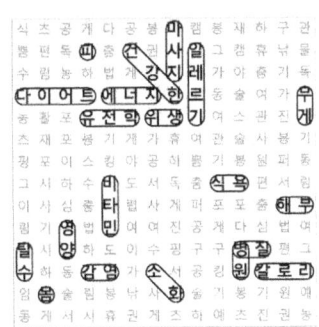

## 3 - Aggettivi #2

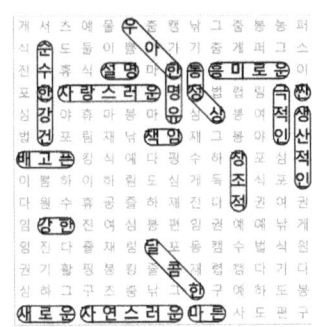

## 4 - Ingegneria

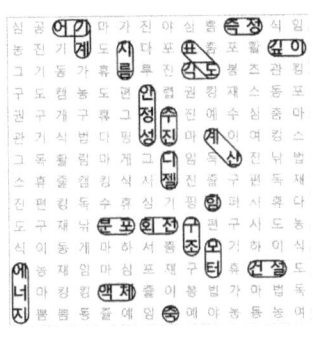

## 5 - Archeologia

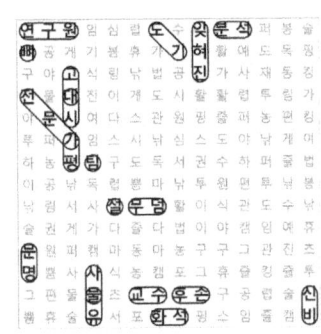

## 6 - Salute e Benessere #1

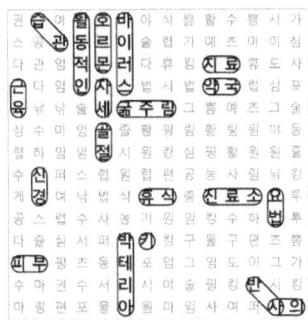

## 7 - Aggettivi #1

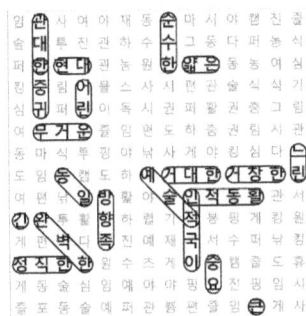

## 8 - Geologia

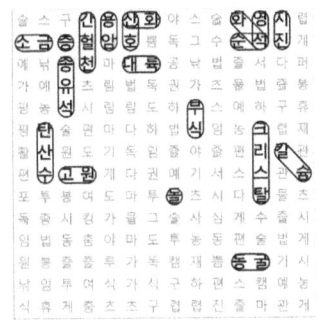

## 9 - Campeggio

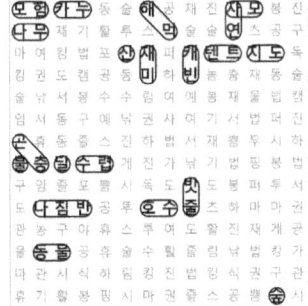

## 10 - Arti Visive

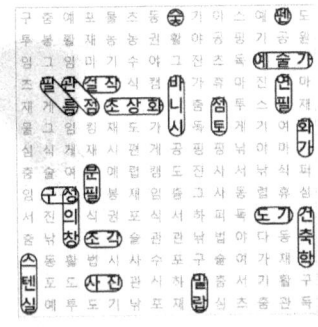

## 11 - Tempo

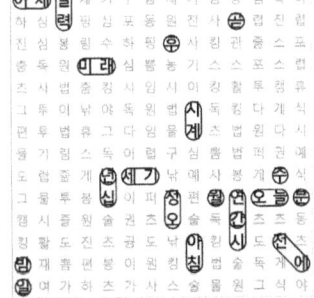

## 12 - Astronomia

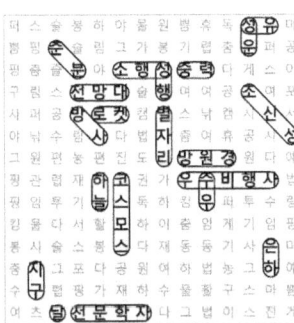

## 13 - Algebra

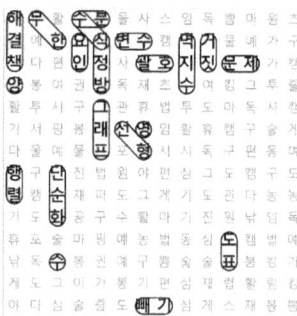

## 14 - Mitologia

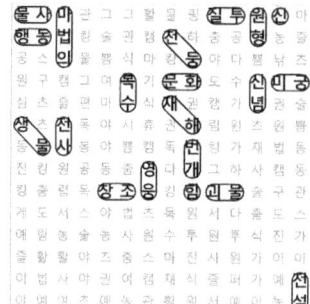

## 15 - Piante

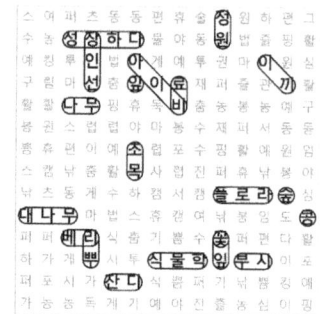

## 16 - Spezie

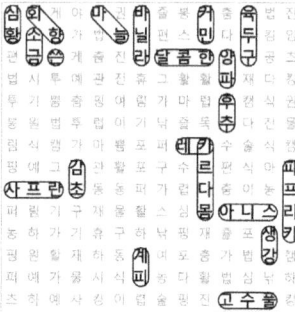

## 17 - Numeri

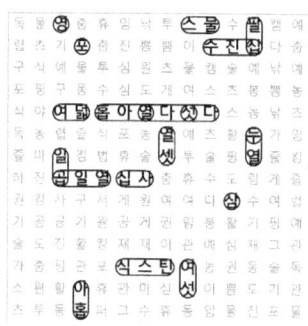

## 18 - Cioccolato

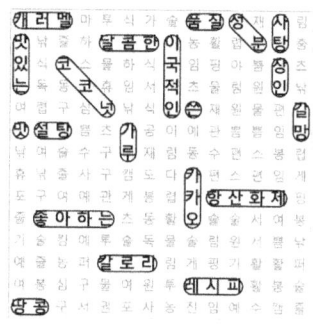

## 19 - Guida

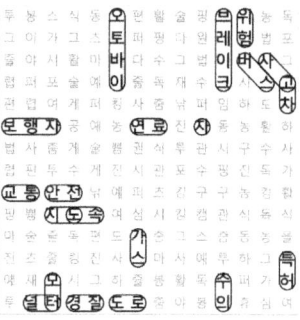

## 20 - I Media

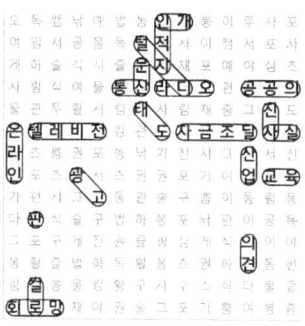

## 21 - Sport

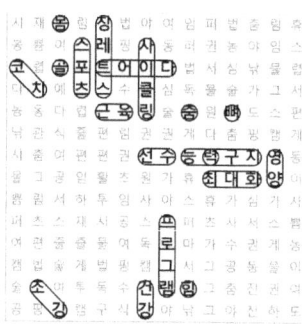

## 22 - Uccelli

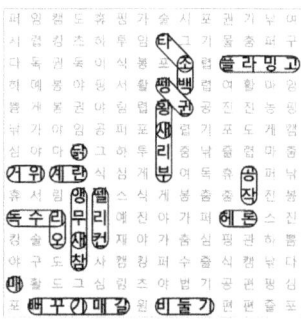

## 23 - Casa

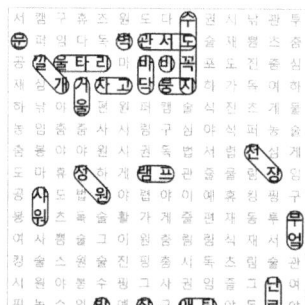

## 24 - Fantascienza

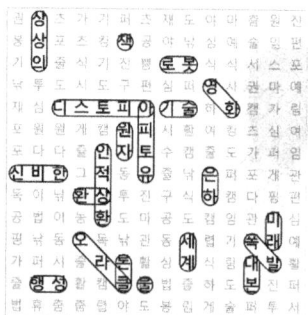

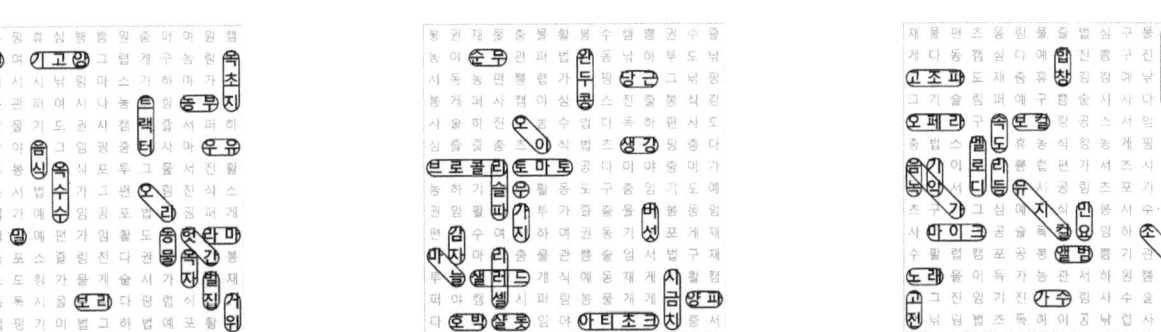

## 25 - Città

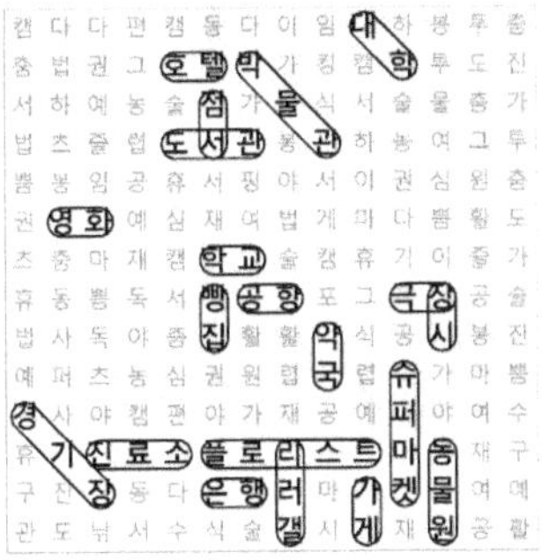

## 26 - Fattoria #1

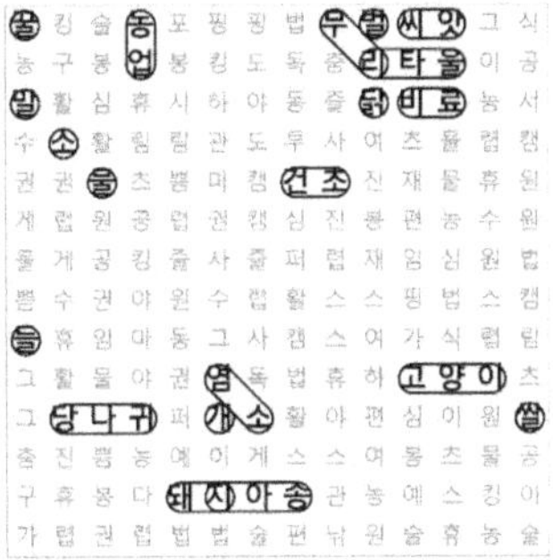

## 27 - Psicologia

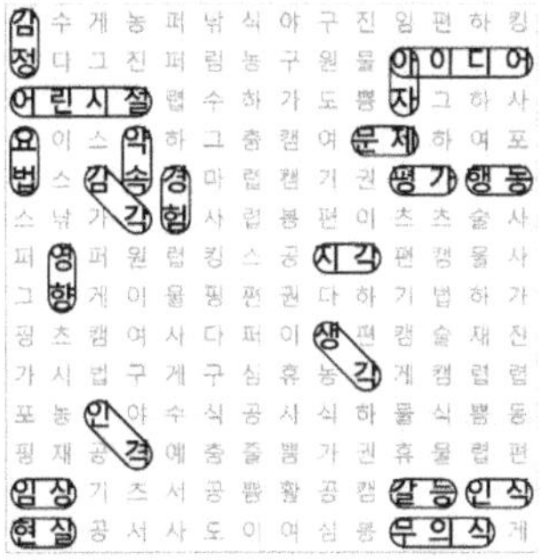

## 28 - Paesaggi

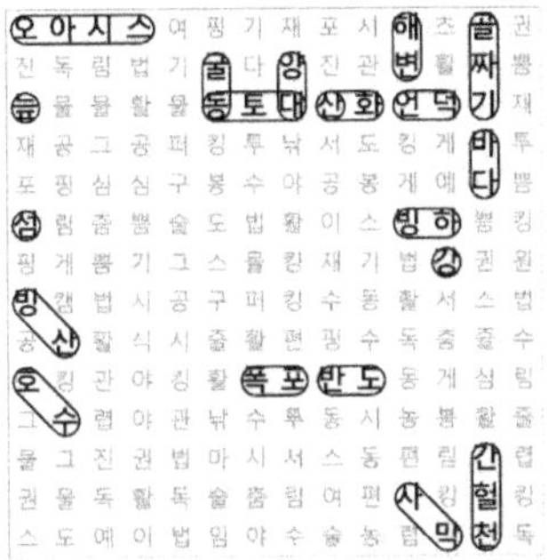

## 29 - Energia

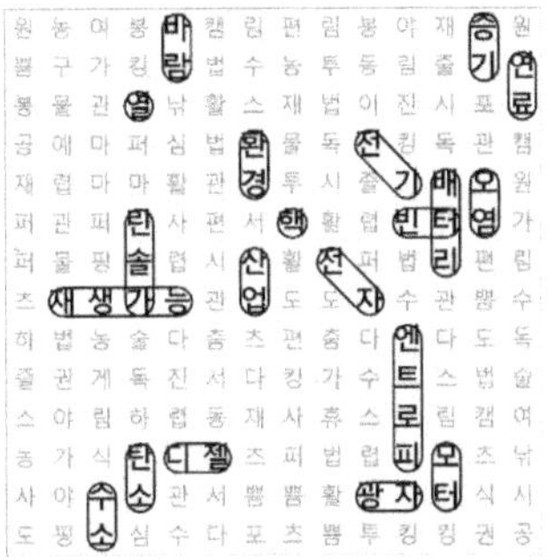

## 30 - Ristorante #2

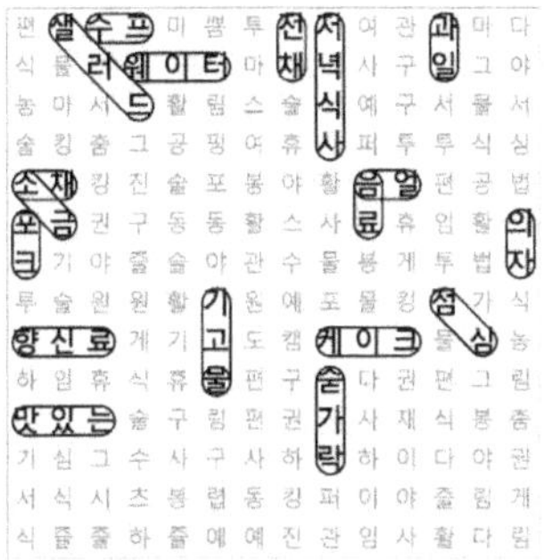

## 31 - Moda

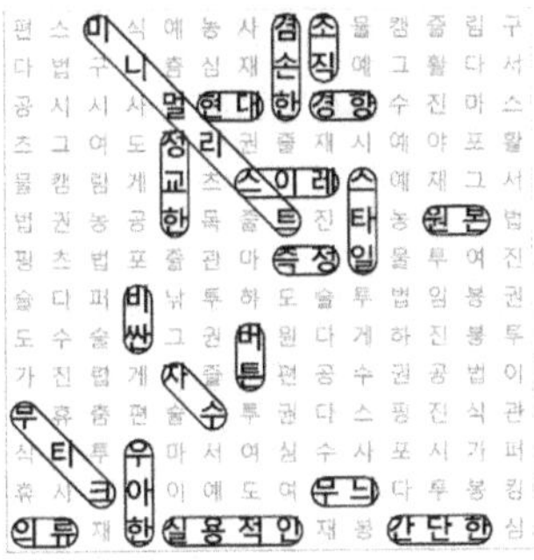

## 32 - Giardino

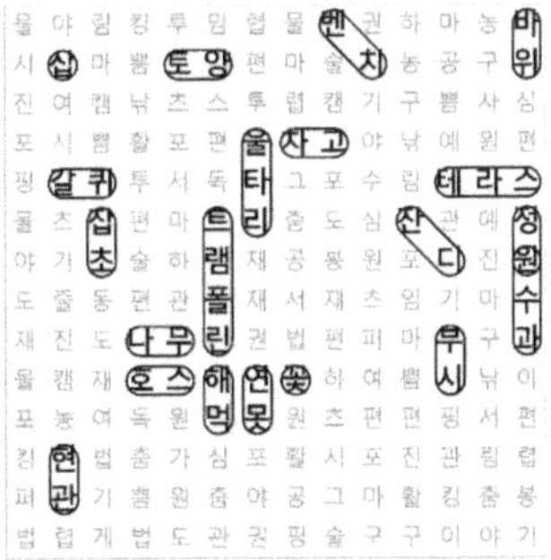

## 33 - Frutta

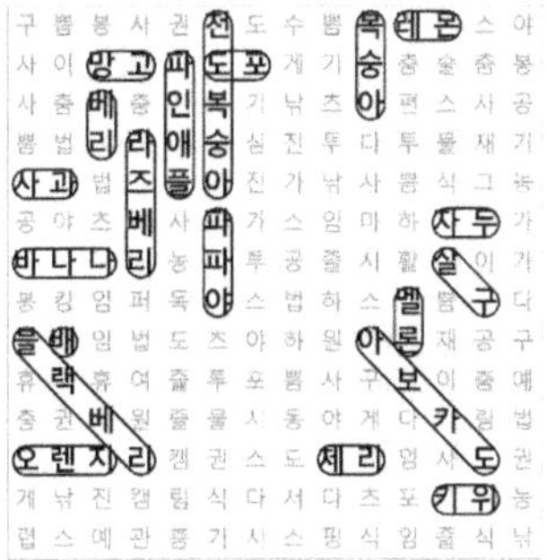

## 34 - Fattoria #2

## 35 - Verdure

## 36 - Musica

## 37 - Barbecue

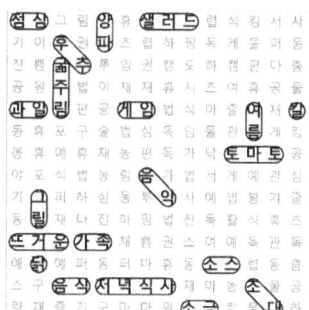

## 38 - Fisica

## 39 - Erboristeria

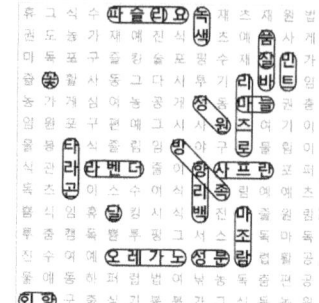

## 40 - Danza

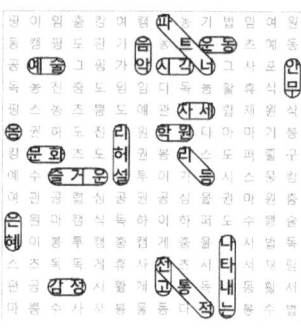

## 41 - Attività Commerciale

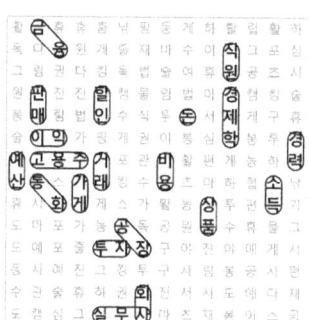

## 42 - Fiori

## 43 - Filantropia

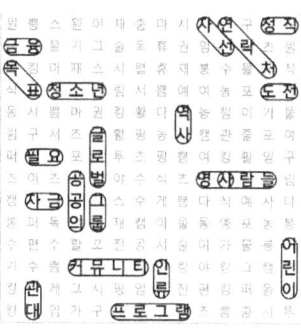

## 44 - Ecologia

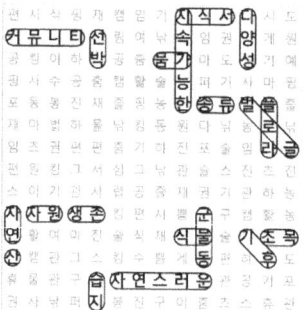

## 45 - Discipline Scientifiche

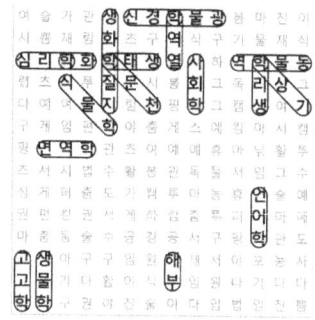

## 46 - Scienza

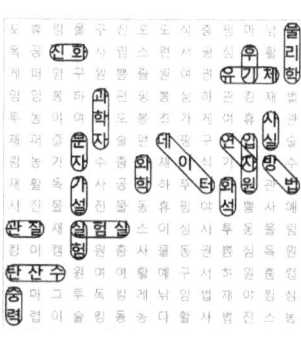

## 47 - Imbarcazioni

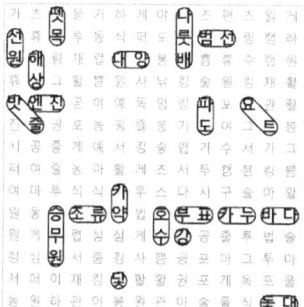

## 48 - Chimica

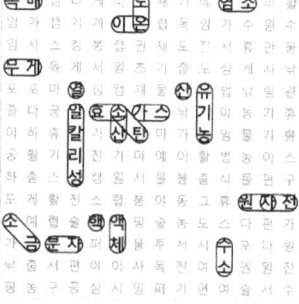

## 49 - Api

## 50 - Strumenti Musicali

## 51 - Professioni #2

## 52 - Letteratura

## 53 - Cibo #2

## 54 - Nutrizione

## 55 - Matematica

## 56 - Meditazione

## 57 - Elettricità

## 58 - Antiquariato

## 59 - Escursionismo

## 60 - Professioni #1

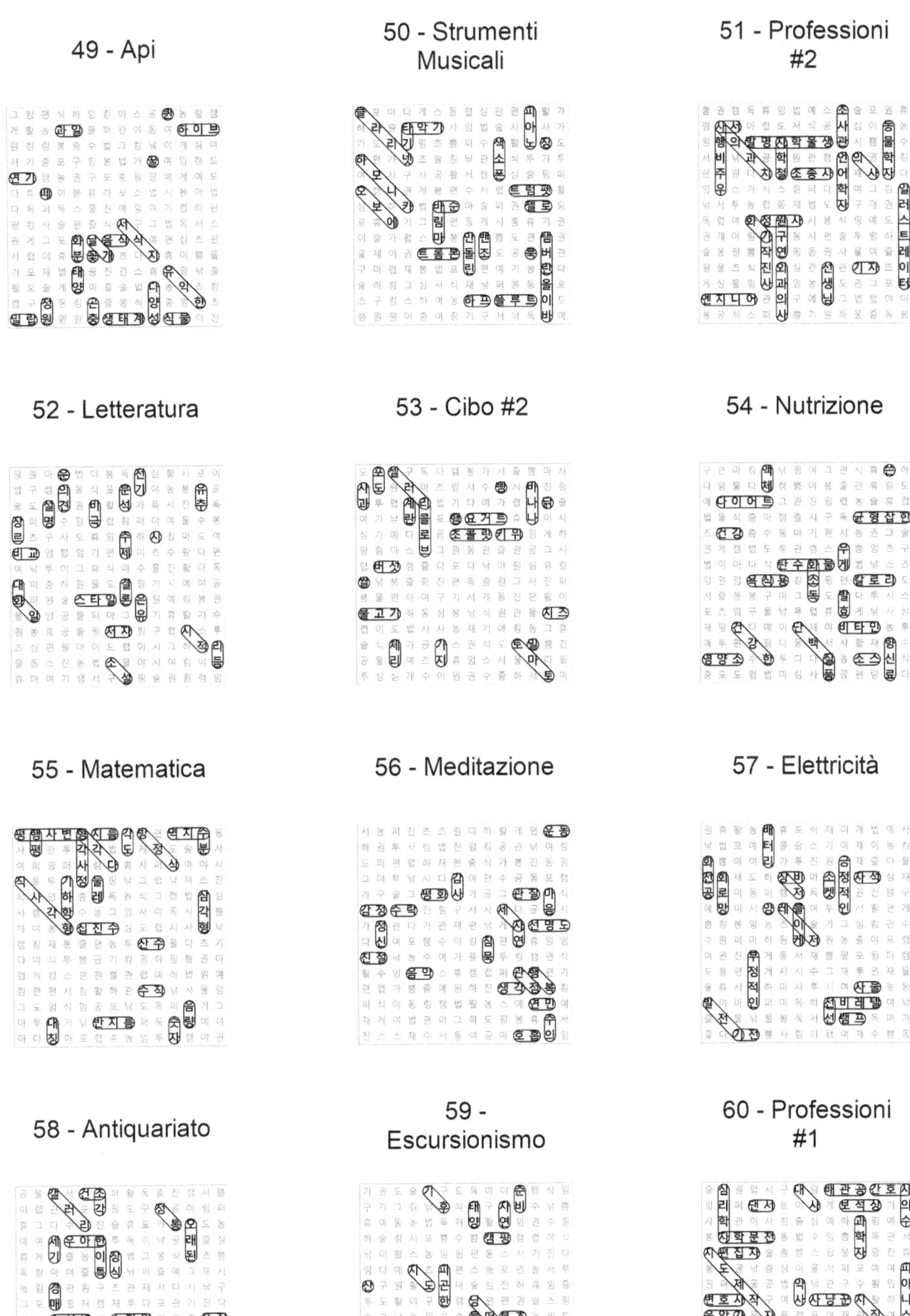

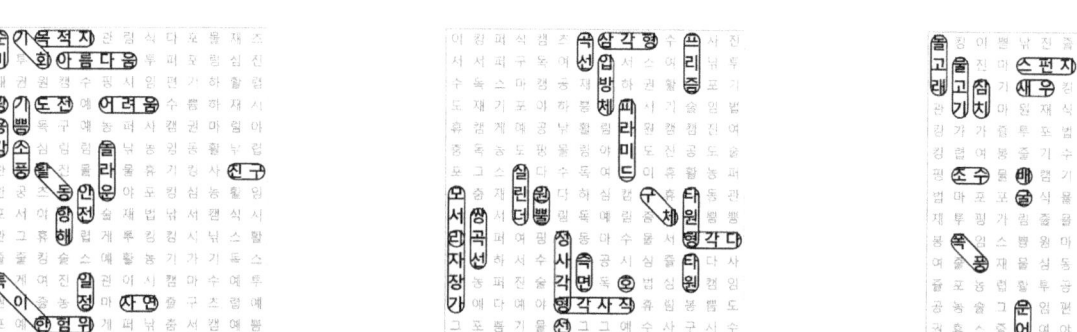

## 61 - Antartide

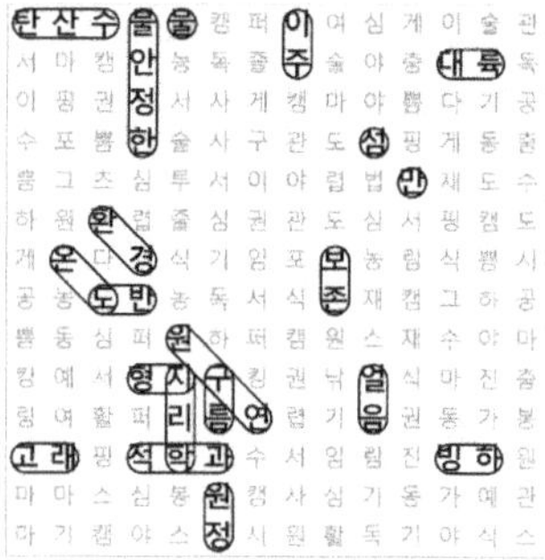

## 62 - Libri

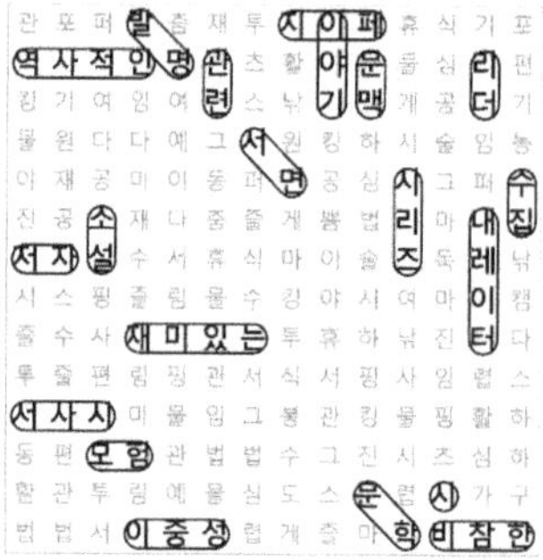

## 63 - Geografia

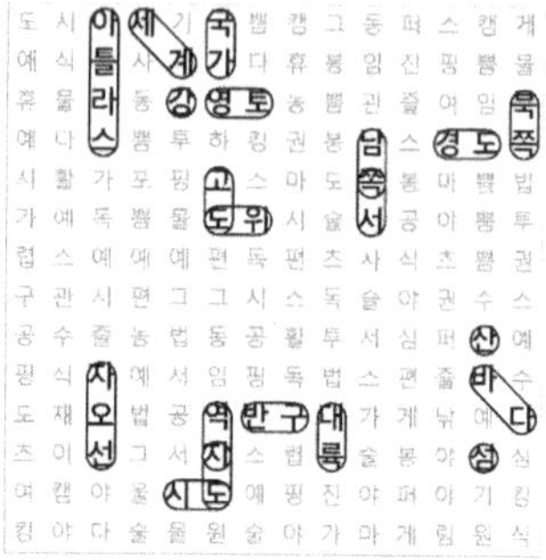

## 64 - Cibo #1

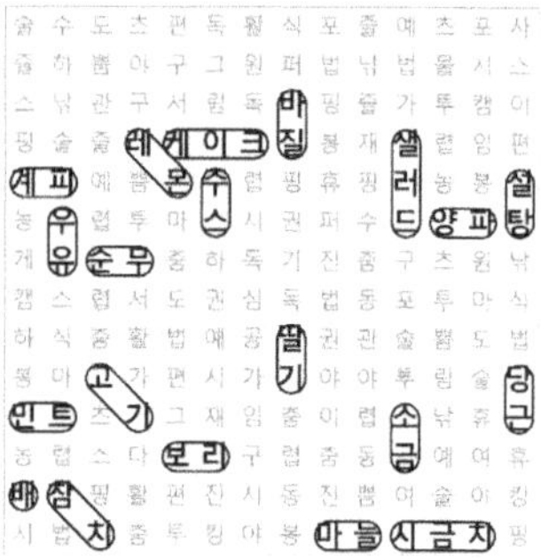

## 65 - Etica

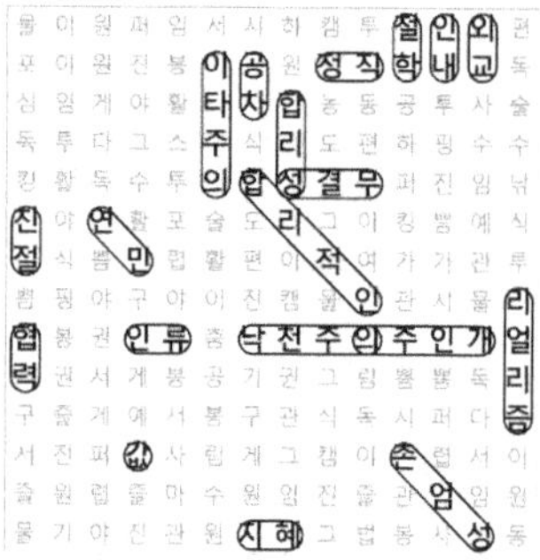

## 66 - Aeroplani

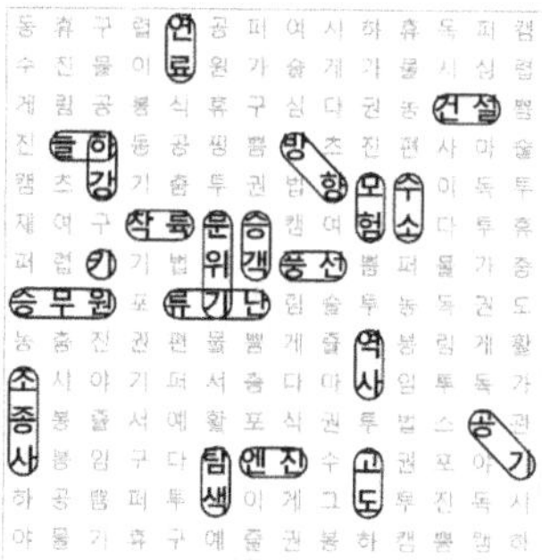

## 67 - Governo

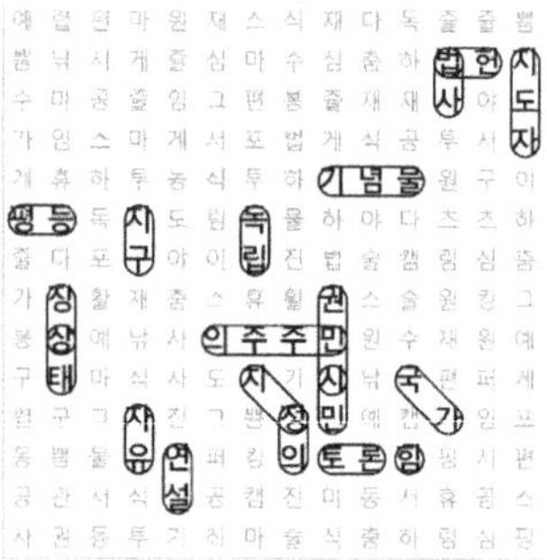

## 68 - Colori

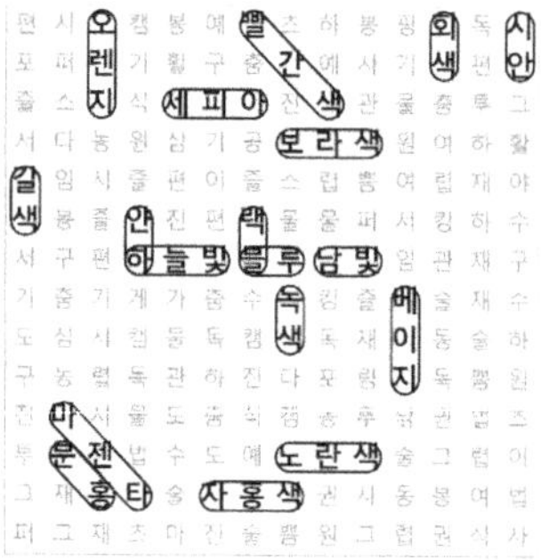

## 69 - Bellezza

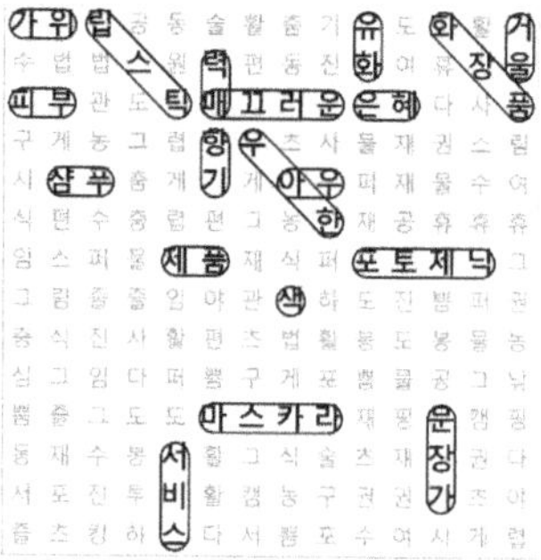

## 70 - Avventura

## 71 - Forme

## 72 - Oceano

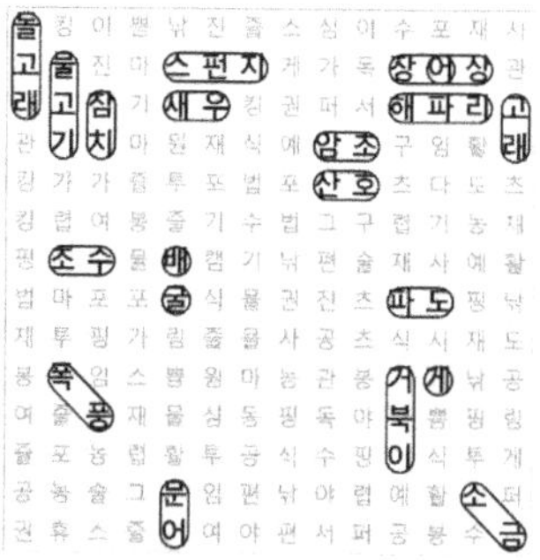

## 73 - Famiglia

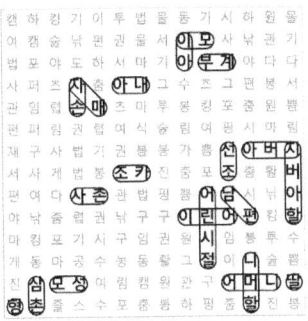

## 74 - Creatività

## 75 - Veicoli

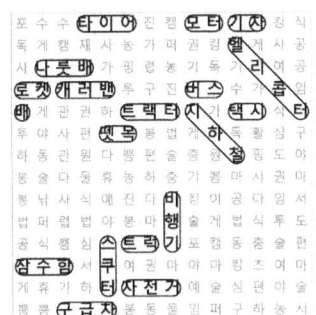

## 76 - Natura

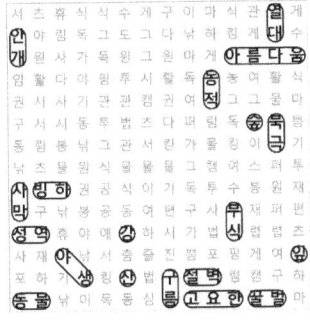

## 77 - Balletto

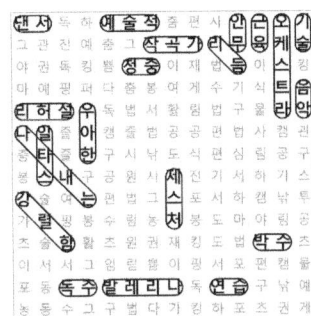

## 78 - Paesi #1

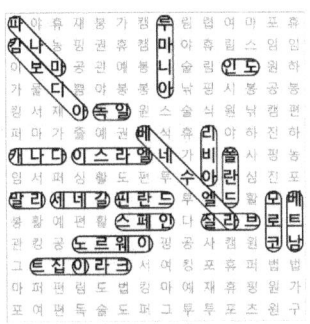

## 79 - Geometria

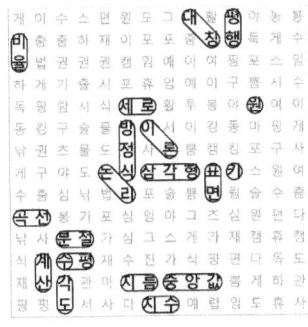

## 80 - Foresta Pluviale

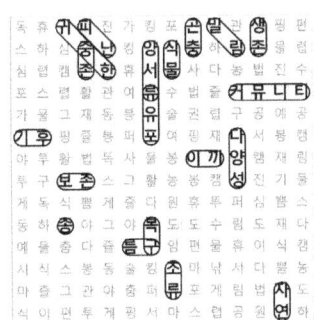

## 81 - Edifici

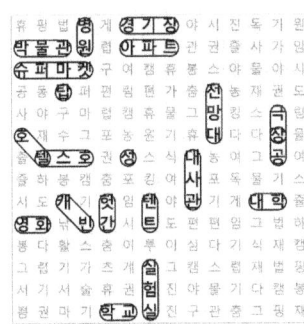

## 82 - Paesi #2

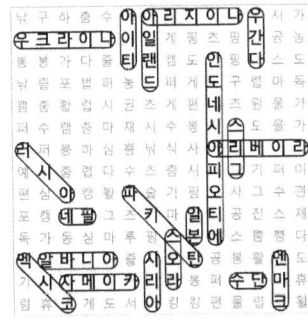

## 83 - Tipi di Capelli

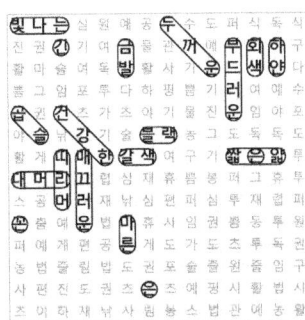

## 84 - Vestiti

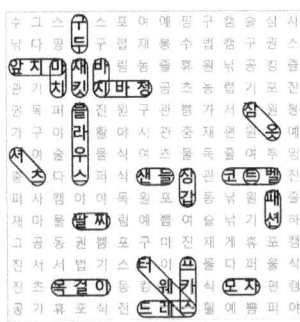

## 85 - Attività e Tempo Libero

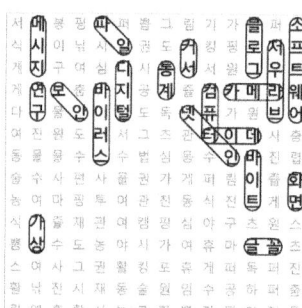

## 86 - Tecnologia

## 87 - Meteo

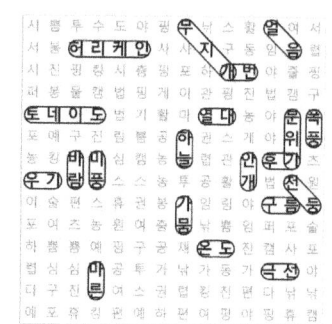

## 88 - Corpo Umano

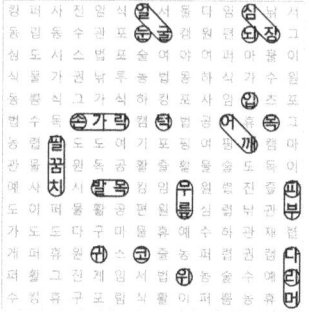

## 89 - Mammiferi

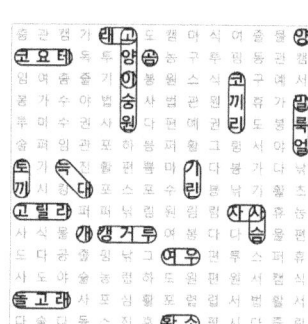

## 90 - Arrampicata

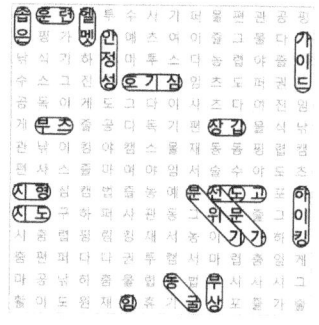

## 91 - Animali Domestici

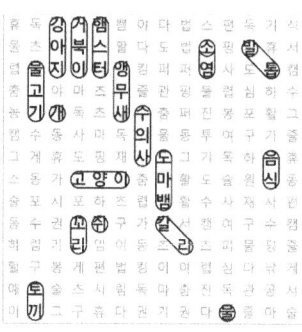

## 92 - Cucina

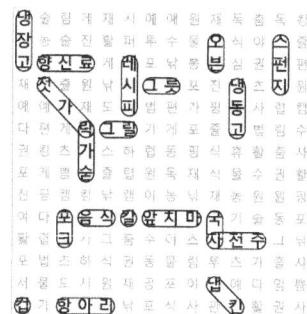

## 93 - Giardinaggio

## 94 - Universo

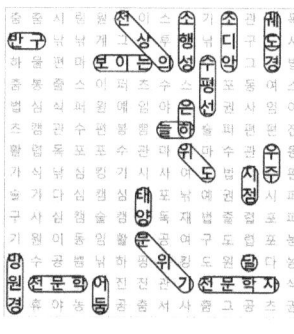

## 95 - Jazz

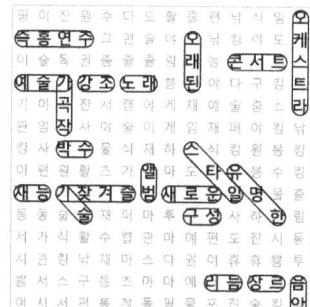

## 96 - Vacanze #2

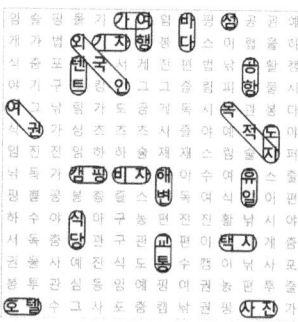

## 97 - Attività

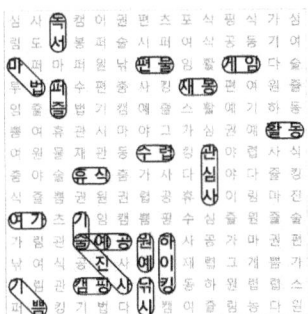

## 98 - Diplomazia

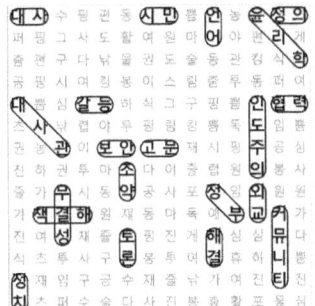

## 99 - Forniture Artistiche

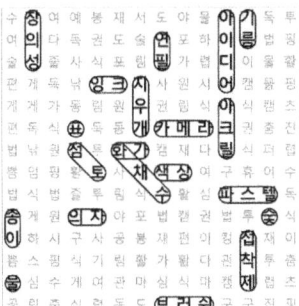

## 100 - Misurazioni

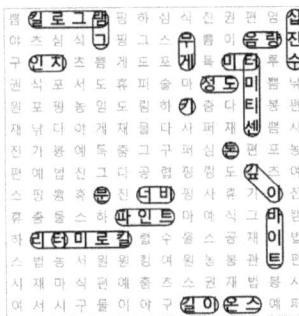

# Dizionario

### Aeroplani
### 비행기

|  |  |
|---|---|
| Altezza | 키 |
| Altitudine | 고도 |
| Aria | 공기 |
| Atmosfera | 분위기 |
| Atterraggio | 착륙 |
| Avventura | 모험 |
| Carburante | 연료 |
| Cielo | 하늘 |
| Costruzione | 건설 |
| Direzione | 방향 |
| Discesa | 하강 |
| Equipaggio | 승무원 |
| Idrogeno | 수소 |
| Motore | 엔진 |
| Navigare | 탐색 |
| Palloncino | 풍선 |
| Passeggero | 승객 |
| Pilota | 조종사 |
| Storia | 역사 |
| Turbolenza | 난기류 |

### Aggettivi #1
### 형용사 #1

|  |  |
|---|---|
| Ambizioso | 거창한 |
| Aromatico | 방향족 |
| Artistico | 예술적 |
| Assoluto | 순수한 |
| Attivo | 활동적인 |
| Enorme | 거대한 |
| Esotico | 이국적인 |
| Generoso | 관대 한 |
| Giovane | 어린 |
| Grande | 큰 |
| Identico | 동일 |
| Importante | 중요 |
| Lento | 느린 |
| Lungo | 긴 |
| Moderno | 현대 |
| Onesto | 정직한 |
| Perfetto | 완벽한 |
| Pesante | 무거운 |
| Prezioso | 귀중한 |
| Sottile | 얇은 |

### Aggettivi #2
### 형용사 #2

|  |  |
|---|---|
| Affamato | 배고픈 |
| Asciutto | 마른 |
| Autentico | 정통 |
| Creativo | 창조적 |
| Descrittivo | 설명 |
| Dolce | 달콤한 |
| Drammatico | 극적인 |
| Elegante | 우아한 |
| Famoso | 유명한 |
| Forte | 강한 |
| Interessante | 흥미로운 |
| Naturale | 자연스러운 |
| Normale | 정상 |
| Nuovo | 새로운 |
| Orgoglioso | 자랑스러운 |
| Produttivo | 생산적인 |
| Puro | 순수한 |
| Responsabile | 책임 |
| Salato | 짠 |
| Sano | 건강한 |

### Algebra
### 대수학

|  |  |
|---|---|
| Diagramma | 도표 |
| Equazione | 방정식 |
| Esponente | 멱지수 |
| Falso | 거짓 |
| Fattore | 요인 |
| Formula | 수식 |
| Frazione | 분수 |
| Grafico | 그래프 |
| Infinito | 무한 |
| Lineare | 선형 |
| Matrice | 행렬 |
| Numero | 수 |
| Parentesi | 괄호 |
| Problema | 문제 |
| Quantità | 양 |
| Semplificare | 단순화 |
| Soluzione | 해결책 |
| Sottrazione | 빼기 |
| Variabile | 변수 |
| Zero | 영 |

### Animali Domestici
### 애완동물

|  |  |
|---|---|
| Acqua | 물 |
| Artigli | 발톱 |
| Cane | 개 |
| Capra | 염소 |
| Cibo | 음식 |
| Coda | 꼬리 |
| Collare | 칼라 |
| Coniglio | 토끼 |
| Criceto | 햄스터 |
| Cucciolo | 강아지 |
| Gatto | 고양이 |
| Lucertola | 도마뱀 |
| Mucca | 소 |
| Pappagallo | 앵무새 |
| Pesce | 물고기 |
| Tartaruga | 거북이 |
| Topo | 쥐 |
| Veterinario | 수의사 |
| Zampe | 발 |

### Antartide
### 남극

|  |  |
|---|---|
| Acqua | 물 |
| Ambiente | 환경 |
| Baia | 만 |
| Balene | 고래 |
| Conservazione | 보존 |
| Continente | 대륙 |
| Geografia | 지리학 |
| Ghiacciai | 빙하 |
| Ghiaccio | 얼음 |
| Isole | 섬 |
| Migrazione | 이주 |
| Minerali | 탄산수 |
| Nuvole | 구름 |
| Penisola | 반도 |
| Ricercatore | 연구원 |
| Roccioso | 불안정한 |
| Scientifico | 과학적 |
| Spedizione | 원정 |
| Temperatura | 온도 |
| Topografia | 지형 |

## Antiquariato
골동품

| | |
|---|---|
| Arte | 예술 |
| Asta | 경매 |
| Autentico | 정통 |
| Condizione | 조건 |
| Decenni | 수십 년 |
| Decorativo | 장식 |
| Elegante | 우아한 |
| Galleria | 갤러리 |
| Insolito | 특이한 |
| Investimento | 투자 |
| Mobilio | 가구 |
| Monete | 동전 |
| Prezzo | 가격 |
| Qualità | 품질 |
| Restauro | 복구 |
| Scultura | 조각 |
| Secolo | 세기 |
| Stile | 스타일 |
| Valore | 값 |
| Vecchio | 오래된 |

## Api
꿀벌

| | |
|---|---|
| Ali | 날개 |
| Alveare | 하이브 |
| Benefico | 유익한 |
| Cera | 밀랍 |
| Cibo | 음식 |
| Diversità | 다양성 |
| Ecosistema | 생태계 |
| Fiori | 꽃 |
| Frutta | 과일 |
| Fumo | 연기 |
| Giardino | 정원 |
| Habitat | 서식지 |
| Insetto | 곤충 |
| Miele | 꿀 |
| Piante | 식물 |
| Polline | 화분 |
| Regina | 퀸 |
| Sciame | 떼 |
| Sole | 태양 |

## Archeologia
고고학

| | |
|---|---|
| Analisi | 분석 |
| Antico | 고대 |
| Ceramica | 도기 |
| Civiltà | 문명 |
| Dimenticato | 잊혀진 |
| Discendente | 후손 |
| Era | 시대 |
| Esperto | 전문가 |
| Fossile | 화석 |
| Mistero | 신비 |
| Oggetti | 사물 |
| Ossa | 뼈 |
| Professore | 교수 |
| Reliquia | 유물 |
| Ricercatore | 연구원 |
| Squadra | 팀 |
| Tempio | 절 |
| Tomba | 무덤 |
| Valutazione | 평가 |

## Arrampicata
등산

| | |
|---|---|
| Altitudine | 고도 |
| Atmosfera | 분위기 |
| Casco | 헬멧 |
| Curiosità | 호기심 |
| Escursioni | 하이킹 |
| Esperto | 전문가 |
| Formazione | 훈련 |
| Forza | 힘 |
| Grotta | 동굴 |
| Guanti | 장갑 |
| Guide | 가이드 |
| Lesione | 부상 |
| Mappa | 지도 |
| Sfide | 도전 |
| Stabilità | 안정성 |
| Stivali | 부츠 |
| Stretto | 좁은 |
| Terreno | 지형 |

## Arti Visive
비주얼 아트

| | |
|---|---|
| Architettura | 건축학 |
| Argilla | 점토 |
| Artista | 예술가 |
| Capolavoro | 걸작 |
| Carbone | 숯 |
| Cavalletto | 화가 |
| Cera | 밀랍 |
| Ceramica | 도기 |
| Composizione | 구성 |
| Creatività | 창의성 |
| Film | 필름 |
| Fotografia | 사진 |
| Gesso | 분필 |
| Matita | 연필 |
| Penna | 펜 |
| Prospettiva | 관점 |
| Ritratto | 초상화 |
| Scultura | 조각 |
| Stampino | 스텐실 |
| Vernice | 바니시 |

## Astronomia
천문학

| | |
|---|---|
| Asteroide | 소행성 |
| Astronauta | 우주 비행사 |
| Astronomo | 천문학자 |
| Cielo | 하늘 |
| Cosmo | 코스모스 |
| Costellazione | 별자리 |
| Equinozio | 춘분 |
| Galassia | 은하 |
| Gravità | 중력 |
| Luna | 달 |
| Meteora | 유성 |
| Nebulosa | 성운 |
| Osservatorio | 전망대 |
| Pianeta | 행성 |
| Radiazione | 방사 |
| Razzo | 로켓 |
| Supernova | 초신성 |
| Telescopio | 망원경 |
| Terra | 지구 |
| Universo | 우주 |

## Attività
### 액티비티

| | |
|---|---|
| Abilità | 기술 |
| Arte | 예술 |
| Artigianato | 공예 |
| Attività | 활동 |
| Caccia | 수렵 |
| Campeggio | 캠핑 |
| Cucire | 재봉 |
| Escursioni | 하이킹 |
| Fotografia | 사진술 |
| Giardinaggio | 원예 |
| Giochi | 게임 |
| Interessi | 관심사 |
| Lettura | 독서 |
| Magia | 마법 |
| Maglieria | 편물 |
| Pesca | 낚시 |
| Piacere | 기쁨 |
| Puzzle | 퍼즐 |
| Rilassamento | 휴식 |
| Tempo Libero | 여가 |

## Attività Commerciale
### 비즈니스

| | |
|---|---|
| Bilancio | 예산 |
| Carriera | 경력 |
| Costo | 비용 |
| Datore di Lavoro | 고용주 |
| Dipendente | 직원 |
| Economia | 경제학 |
| Fabbrica | 공장 |
| Finanza | 금융 |
| Investimento | 투자 |
| Merce | 상품 |
| Negozio | 가게 |
| Profitto | 이익 |
| Reddito | 소득 |
| Sconto | 할인 |
| Società | 회사 |
| Soldi | 돈 |
| Transazione | 거래 |
| Ufficio | 사무실 |
| Valuta | 통화 |
| Vendita | 판매 |

## Attività e Tempo Libero
### 액티비티 및 레저

| | |
|---|---|
| Arte | 예술 |
| Baseball | 야구 |
| Basket | 농구 |
| Boxe | 권투 |
| Calcio | 축구 |
| Campeggio | 캠핑 |
| Escursioni | 하이킹 |
| Giardinaggio | 원예 |
| Golf | 골프 |
| Hobby | 취미 |
| Immersione | 다이빙 |
| Nuoto | 수영 |
| Pallavolo | 배구 |
| Pesca | 낚시 |
| Rilassante | 휴식 |
| Shopping | 쇼핑 |
| Surf | 서핑 |
| Tennis | 테니스 |
| Viaggio | 여행 |

## Avventura
### 어드벤처

| | |
|---|---|
| Amici | 친구 |
| Attività | 활동 |
| Bellezza | 아름다움 |
| Coraggio | 용감 |
| Destinazione | 목적지 |
| Difficoltà | 어려움 |
| Entusiasmo | 열광 |
| Escursione | 소풍 |
| Gioia | 기쁨 |
| Insolito | 특이한 |
| Itinerario | 일정 |
| Natura | 자연 |
| Navigazione | 항해 |
| Nuovo | 새로운 |
| Opportunità | 기회 |
| Pericoloso | 위험한 |
| Preparazione | 준비 |
| Sfide | 도전 |
| Sicurezza | 안전 |
| Sorprendente | 놀라운 |

## Balletto
### 발레

| | |
|---|---|
| Applauso | 박수 |
| Artistico | 예술적 |
| Assolo | 독주 |
| Ballerina | 발레리나 |
| Ballerini | 댄서 |
| Compositore | 작곡가 |
| Coreografia | 안무 |
| Espressivo | 나타내는 |
| Gesto | 제스처 |
| Grazioso | 우아한 |
| Intensità | 강렬함 |
| Muscoli | 근육 |
| Musica | 음악 |
| Orchestra | 오케스트라 |
| Pratica | 연습 |
| Prova | 리허설 |
| Pubblico | 청중 |
| Ritmo | 리듬 |
| Stile | 스타일 |
| Tecnica | 기술 |

## Barbecue
### 바비큐

| | |
|---|---|
| Caldo | 뜨거운 |
| Cena | 저녁 식사 |
| Cibo | 음식 |
| Cipolle | 양파 |
| Coltelli | 칼 |
| Estate | 여름 |
| Fame | 굶주림 |
| Famiglia | 가족 |
| Frutta | 과일 |
| Giochi | 게임 |
| Griglia | 그릴 |
| Insalate | 샐러드 |
| Invito | 초대 |
| Musica | 음악 |
| Pepe | 후추 |
| Pollo | 닭 |
| Pomodori | 토마토 |
| Pranzo | 점심 |
| Sale | 소금 |
| Salsa | 소스 |

## Bellezza
### 뷰티

| | |
|---|---|
| Colore | 색 |
| Cosmetici | 화장품 |
| Elegante | 우아한 |
| Eleganza | 우아 |
| Fascino | 매력 |
| Forbici | 가위 |
| Fotogenico | 포토제닉 |
| Fragranza | 향기 |
| Grazia | 은혜 |
| Liscio | 매끄러운 |
| Mascara | 마스카라 |
| Oli | 유화 |
| Pelle | 피부 |
| Prodotti | 제품 |
| Rossetto | 립스틱 |
| Servizi | 서비스 |
| Shampoo | 샴푸 |
| Specchio | 거울 |
| Stilista | 문장가 |

## Campeggio
### 캠핑

| | |
|---|---|
| Alberi | 나무 |
| Amaca | 해먹 |
| Animali | 동물 |
| Avventura | 모험 |
| Bussola | 나침반 |
| Cabina | 캐빈 |
| Caccia | 수렵 |
| Canoa | 카누 |
| Cappello | 모자 |
| Corda | 밧줄 |
| Divertimento | 재미 |
| Foresta | 숲 |
| Fuoco | 불 |
| Insetto | 곤충 |
| Lago | 호수 |
| Luna | 달 |
| Mappa | 지도 |
| Montagna | 산 |
| Natura | 자연 |
| Tenda | 텐트 |

## Casa
### 하우스

| | |
|---|---|
| Attico | 애틱 |
| Biblioteca | 도서관 |
| Camera | 방 |
| Camino | 난로 |
| Cucina | 부엌 |
| Doccia | 샤워 |
| Finestra | 창 |
| Garage | 차고 |
| Giardino | 정원 |
| Lampada | 램프 |
| Parete | 벽 |
| Pavimento | 바닥 |
| Porta | 문 |
| Recinto | 울타리 |
| Rubinetto | 수도꼭지 |
| Scopa | 비 |
| Soffitto | 천장 |
| Specchio | 거울 |
| Tappeto | 깔개 |
| Tetto | 지붕 |

## Chimica
### 화학

| | |
|---|---|
| Acido | 산 |
| Alcalino | 알칼리성 |
| Atomico | 원자 |
| Calore | 열 |
| Carbonio | 탄소 |
| Catalizzatore | 촉매 |
| Cloro | 염소 |
| Elettrone | 전자 |
| Enzima | 효소 |
| Gas | 가스 |
| Idrogeno | 수소 |
| Ione | 이온 |
| Liquido | 액체 |
| Molecola | 분자 |
| Nucleare | 핵 |
| Organico | 유기농 |
| Ossigeno | 산소 |
| Peso | 무게 |
| Sale | 소금 |
| Temperatura | 온도 |

## Cibo #1
### 식품 #1

| | |
|---|---|
| Aglio | 마늘 |
| Basilico | 바질 |
| Cannella | 계피 |
| Carne | 고기 |
| Carota | 당근 |
| Cipolla | 양파 |
| Fragola | 딸기 |
| Insalata | 샐러드 |
| Latte | 우유 |
| Limone | 레몬 |
| Menta | 민트 |
| Orzo | 보리 |
| Pera | 배 |
| Rapa | 순무 |
| Sale | 소금 |
| Spinaci | 시금치 |
| Succo | 주스 |
| Tonno | 참치 |
| Torta | 케이크 |
| Zucchero | 설탕 |

## Cibo #2
### 식품 #2

| | |
|---|---|
| Banana | 바나나 |
| Broccolo | 브로콜리 |
| Ciliegia | 체리 |
| Cioccolato | 초콜릿 |
| Formaggio | 치즈 |
| Fungo | 버섯 |
| Grano | 밀 |
| Kiwi | 키위 |
| Mela | 사과 |
| Melanzana | 가지 |
| Pane | 빵 |
| Pesce | 물고기 |
| Pollo | 닭 |
| Pomodoro | 토마토 |
| Prosciutto | 햄 |
| Riso | 쌀 |
| Sedano | 셀러리 |
| Uovo | 계란 |
| Uva | 포도 |
| Yogurt | 요거트 |

## Cioccolato
## 초콜릿

|  |  |
|---|---|
| Amaro | 쓴 |
| Antiossidante | 항산화제 |
| Arachidi | 땅콩 |
| Artigianale | 장인 |
| Brama | 갈망 |
| Cacao | 카카오 |
| Calorie | 칼로리 |
| Caramella | 사탕 |
| Caramello | 캐러멜 |
| Delizioso | 맛있는 |
| Dolce | 달콤한 |
| Esotico | 이국적인 |
| Gusto | 맛 |
| Ingrediente | 성분 |
| Noce di Cocco | 코코넛 |
| Polvere | 가루 |
| Preferito | 좋아하는 |
| Qualità | 품질 |
| Ricetta | 레시피 |
| Zucchero | 설탕 |

## Città
## 타운

|  |  |
|---|---|
| Aeroporto | 공항 |
| Banca | 은행 |
| Biblioteca | 도서관 |
| Cinema | 영화 |
| Clinica | 진료소 |
| Farmacia | 약국 |
| Fiorista | 플로리스트 |
| Galleria | 갤러리 |
| Hotel | 호텔 |
| Libreria | 서점 |
| Mercato | 시장 |
| Museo | 박물관 |
| Negozio | 가게 |
| Panetteria | 빵집 |
| Scuola | 학교 |
| Stadio | 경기장 |
| Supermercato | 슈퍼마켓 |
| Teatro | 극장 |
| Università | 대학 |
| Zoo | 동물원 |

## Colori
## 색상

|  |  |
|---|---|
| Arancia | 오렌지 |
| Azzurro | 하늘빛 |
| Beige | 베이지 |
| Bianco | 하얀 |
| Blu | 블루 |
| Ciano | 시안 |
| Fucsia | 자홍색 |
| Giallo | 노란색 |
| Grigio | 회색 |
| Indaco | 남빛 |
| Magenta | 마젠타 |
| Marrone | 갈색 |
| Nero | 블랙 |
| Rosa | 분홍 |
| Rosso | 빨간색 |
| Seppia | 세피아 |
| Verde | 녹색 |
| Viola | 보라색 |

## Corpo Umano
## 인체

|  |  |
|---|---|
| Bocca | 입 |
| Caviglia | 발목 |
| Cervello | 뇌 |
| Collo | 목 |
| Cuore | 심장 |
| Dito | 손가락 |
| Faccia | 얼굴 |
| Gamba | 다리 |
| Ginocchio | 무릎 |
| Gomito | 팔꿈치 |
| Mano | 손 |
| Mento | 턱 |
| Naso | 코 |
| Occhio | 눈 |
| Orecchio | 귀 |
| Pelle | 피부 |
| Sangue | 피 |
| Spalla | 어깨 |
| Stomaco | 위 |
| Testa | 머리 |

## Creatività
## 창의성

|  |  |
|---|---|
| Abilità | 기술 |
| Artistico | 예술적 |
| Autenticità | 확실성 |
| Chiarezza | 선명도 |
| Drammatico | 극적인 |
| Emozioni | 감정 |
| Espressione | 식 |
| Fluidità | 유동성 |
| Idee | 아이디어 |
| Immaginazione | 상상력 |
| Immagine | 영상 |
| Impressione | 인상 |
| Intensità | 강렬함 |
| Intuizione | 직관 |
| Inventivo | 발명 |
| Ispirazione | 영감 |
| Sensazione | 감각 |
| Spontaneo | 자발적인 |
| Visioni | 비전 |
| Vitalità | 활력 |

## Cucina
## 키친

|  |  |
|---|---|
| Bacchette | 젓가락 |
| Brocca | 주전자 |
| Cibo | 음식 |
| Ciotola | 그릇 |
| Coltelli | 칼 |
| Congelatore | 냉동고 |
| Cucchiai | 숟가락 |
| Forchette | 포크 |
| Forno | 오븐 |
| Frigorifero | 냉장고 |
| Grembiule | 앞치마 |
| Griglia | 그릴 |
| Mestolo | 국자 |
| Ricetta | 레시피 |
| Spezie | 향신료 |
| Spugna | 스펀지 |
| Tazze | 컵 |
| Tovagliolo | 냅킨 |
| Vaso | 항아리 |

## Danza
댄스

| | |
|---|---|
| Accademia | 학원 |
| Arte | 예술 |
| Classico | 고전 |
| Compagno | 파트너 |
| Coreografia | 안무 |
| Corpo | 몸 |
| Cultura | 문화 |
| Emozione | 감정 |
| Espressivo | 나타내는 |
| Gioioso | 즐거운 |
| Grazia | 은혜 |
| Movimento | 운동 |
| Musica | 음악 |
| Postura | 자세 |
| Prova | 리허설 |
| Ritmo | 리듬 |
| Tradizionale | 전통적 |
| Visivo | 시각 |

## Diplomazia
외교

| | |
|---|---|
| Ambasciata | 대사관 |
| Ambasciatore | 대사 |
| Cittadini | 시민 |
| Comunità | 커뮤니티 |
| Conflitto | 갈등 |
| Consigliere | 고문 |
| Cooperazione | 협력 |
| Diplomatico | 외교 |
| Discussione | 토론 |
| Etica | 윤리학 |
| Giustizia | 정의 |
| Governo | 정부 |
| Integrità | 무결성 |
| Lingue | 언어 |
| Politica | 정치 |
| Risoluzione | 해결 |
| Sicurezza | 보안 |
| Soluzione | 해결책 |
| Trattato | 조약 |
| Umanitario | 인도주의 |

## Discipline Scientifiche
과학 분야

| | |
|---|---|
| Anatomia | 해부 |
| Archeologia | 고고학 |
| Astronomia | 천문학 |
| Biochimica | 생화학 |
| Biologia | 생물학 |
| Botanica | 식물학 |
| Chimica | 화학 |
| Ecologia | 생태학 |
| Fisiologia | 생리학 |
| Geologia | 지질학 |
| Immunologia | 면역학 |
| Linguistica | 언어학 |
| Meccanica | 역학 |
| Meteorologia | 기상학 |
| Mineralogia | 광물학 |
| Neurologia | 신경학 |
| Psicologia | 심리학 |
| Sociologia | 사회학 |
| Termodinamica | 열역학 |
| Zoologia | 동물학 |

## Ecologia
생태학

| | |
|---|---|
| Clima | 기후 |
| Comunità | 커뮤니티 |
| Diversità | 다양성 |
| Fauna | 동물군 |
| Flora | 플로라 |
| Globale | 글로벌 |
| Habitat | 서식지 |
| Marino | 선박 |
| Montagne | 산 |
| Natura | 자연 |
| Naturale | 자연스러운 |
| Palude | 습지 |
| Piante | 식물 |
| Risorse | 자원 |
| Siccità | 가뭄 |
| Sopravvivenza | 생존 |
| Sostenibile | 지속 가능한 |
| Specie | 종 |
| Varietà | 종류 |
| Vegetazione | 초목 |

## Edifici
건물

| | |
|---|---|
| Ambasciata | 대사관 |
| Appartamento | 아파트 |
| Cabina | 캐빈 |
| Castello | 성 |
| Cinema | 영화 |
| Fabbrica | 공장 |
| Fienile | 헛간 |
| Hotel | 호텔 |
| Laboratorio | 실험실 |
| Museo | 박물관 |
| Ospedale | 병원 |
| Osservatorio | 전망대 |
| Ostello | 호스텔 |
| Scuola | 학교 |
| Stadio | 경기장 |
| Supermercato | 슈퍼마켓 |
| Teatro | 극장 |
| Tenda | 텐트 |
| Torre | 탑 |
| Università | 대학 |

## Elettricità
전기

| | |
|---|---|
| Attrezzatura | 장비 |
| Batteria | 배터리 |
| Cavo | 케이블 |
| Conservazione | 저장 |
| Elettricista | 전공 |
| Elettrico | 전기 |
| Fili | 전선 |
| Generatore | 발전기 |
| Lampada | 램프 |
| Laser | 레이저 |
| Magnete | 자석 |
| Negativo | 부정적인 |
| Oggetti | 사물 |
| Positivo | 긍정적 인 |
| Presa | 소켓 |
| Quantità | 양 |
| Rete | 회로망 |
| Telefono | 전화 |
| Televisione | 텔레비전 |

## Energia
### 에너지

| | |
|---|---|
| Ambiente | 환경 |
| Batteria | 배터리 |
| Benzina | 가솔린 |
| Calore | 열 |
| Carbonio | 탄소 |
| Carburante | 연료 |
| Diesel | 디젤 |
| Elettrico | 전기 |
| Elettrone | 전자 |
| Entropia | 엔트로피 |
| Fotone | 광자 |
| Idrogeno | 수소 |
| Industria | 산업 |
| Inquinamento | 오염 |
| Motore | 모터 |
| Nucleare | 핵 |
| Rinnovabile | 재생 가능 |
| Turbina | 터빈 |
| Vapore | 증기 |
| Vento | 바람 |

## Erboristeria
### 약초학

| | |
|---|---|
| Aglio | 마늘 |
| Aneto | 딜 |
| Aromatico | 방향족 |
| Basilico | 바질 |
| Culinario | 요리 |
| Dragoncello | 타라곤 |
| Finocchio | 회향 |
| Fiore | 꽃 |
| Giardino | 정원 |
| Ingrediente | 성분 |
| Lavanda | 라벤더 |
| Maggiorana | 마조람 |
| Menta | 민트 |
| Origano | 오레가노 |
| Prezzemolo | 파슬리 |
| Qualità | 품질 |
| Rosmarino | 로즈마리 |
| Timo | 백리향 |
| Verde | 녹색 |
| Zafferano | 사프란 |

## Escursionismo
### 하이킹

| | |
|---|---|
| Acqua | 물 |
| Animali | 동물 |
| Campeggio | 캠핑 |
| Clima | 기후 |
| Guide | 가이드 |
| Mappa | 지도 |
| Montagna | 산 |
| Natura | 자연 |
| Orientamento | 정위 |
| Parchi | 공원 |
| Pericoli | 위험 |
| Pesante | 무거운 |
| Pietre | 돌 |
| Preparazione | 준비 |
| Scogliera | 낭떠러지 |
| Selvaggio | 야생 |
| Sole | 태양 |
| Stanco | 피곤한 |
| Stivali | 부츠 |
| Vertice | 서밋 |

## Etica
### 윤리학

| | |
|---|---|
| Altruismo | 이타주의 |
| Compassione | 연민 |
| Cooperazione | 협력 |
| Dignità | 존엄성 |
| Diplomatico | 외교 |
| Filosofia | 철학 |
| Gentilezza | 친절 |
| Individualismo | 개인주의 |
| Integrità | 무결성 |
| Onestà | 정직 |
| Ottimismo | 낙천주의 |
| Pazienza | 인내 |
| Ragionevole | 합리적인 |
| Razionalità | 합리성 |
| Realismo | 리얼리즘 |
| Saggezza | 지혜 |
| Tolleranza | 공차 |
| Umanità | 인류 |
| Valori | 값 |

## Famiglia
### 패밀리

| | |
|---|---|
| Antenato | 선조 |
| Bambini | 어린이 |
| Bambino | 아이 |
| Cugino | 사촌 |
| Figlia | 딸 |
| Fratello | 형 |
| Infanzia | 어린 시절 |
| Madre | 어머니 |
| Marito | 남편 |
| Materno | 모성 |
| Moglie | 아내 |
| Nipote | 조카 |
| Nipote | 손자 |
| Nonna | 할머니 |
| Nonno | 할아버지 |
| Padre | 아버지 |
| Paterno | 부계 |
| Sorella | 자매 |
| Zia | 이모 |
| Zio | 삼촌 |

## Fantascienza
### 사이언스 픽션

| | |
|---|---|
| Atomico | 원자 |
| Cinema | 영화 |
| Cloni | 클론 |
| Distopia | 디스토피아 |
| Esplosione | 폭발 |
| Fantastico | 환상적인 |
| Fuoco | 불 |
| Futuristico | 미래 |
| Galassia | 은하 |
| Illusione | 환상 |
| Immaginario | 상상의 |
| Libri | 책 |
| Misterioso | 신비한 |
| Mondo | 세계 |
| Oracolo | 오라클 |
| Pianeta | 행성 |
| Robot | 로봇 |
| Scenario | 대본 |
| Tecnologia | 기술 |
| Utopia | 유토피아 |

## Fattoria #1
## 농장 #1

| | |
|---|---|
| Acqua | 물 |
| Agricoltura | 농업 |
| Ape | 벌 |
| Asino | 당나귀 |
| Campo | 들 |
| Cane | 개 |
| Capra | 염소 |
| Cavallo | 말 |
| Fertilizzante | 비료 |
| Fieno | 건초 |
| Gatto | 고양이 |
| Gregge | 무리 |
| Maiale | 돼지 |
| Miele | 꿀 |
| Mucca | 소 |
| Pollo | 닭 |
| Recinto | 울타리 |
| Riso | 쌀 |
| Semi | 씨앗 |
| Vitello | 송아지 |

## Fattoria #2
## 농장 #2

| | |
|---|---|
| Agnello | 양고기 |
| Agricoltore | 농부 |
| Alveare | 벌집 |
| Anatra | 오리 |
| Animali | 동물 |
| Cibo | 음식 |
| Fienile | 헛간 |
| Frutta | 과일 |
| Frutteto | 과수원 |
| Grano | 밀 |
| Irrigazione | 관개 |
| Lama | 라마 |
| Latte | 우유 |
| Mais | 옥수수 |
| Oche | 거위 |
| Orzo | 보리 |
| Pastore | 목자 |
| Pecora | 양 |
| Prato | 목초지 |
| Trattore | 트랙터 |

## Filantropia
## 자선 활동

| | |
|---|---|
| Bambini | 어린이 |
| Bisogno | 필요 |
| Carità | 자선 |
| Comunità | 커뮤니티 |
| Contatti | 연락처 |
| Finanza | 금융 |
| Fondi | 자금 |
| Generosità | 관대 |
| Gioventù | 청소년 |
| Globale | 글로벌 |
| Gruppi | 그룹 |
| Missione | 사명 |
| Obiettivi | 목표 |
| Onestà | 정직 |
| Persone | 사람들 |
| Programmi | 프로그램 |
| Pubblico | 공공의 |
| Sfide | 도전 |
| Storia | 역사 |
| Umanità | 인류 |

## Fiori
## 꽃

| | |
|---|---|
| Dente di Leone | 민들레 |
| Gardenia | 치자 |
| Gelsomino | 재스민 |
| Giglio | 백합 |
| Girasole | 해바라기 |
| Ibisco | 히비스커스 |
| Lavanda | 라벤더 |
| Lilla | 라일락 |
| Magnolia | 목련 |
| Margherita | 데이지 |
| Mazzo | 꽃다발 |
| Narciso | 수선화 |
| Orchidea | 난초 |
| Papavero | 양귀비 |
| Peonia | 모란 |
| Petalo | 꽃잎 |
| Plumeria | 플루메리아 |
| Rosa | 장미 |
| Trifoglio | 클로버 |
| Tulipano | 튤립 |

## Fisica
## 물리학

| | |
|---|---|
| Accelerazione | 가속 |
| Atomo | 원자 |
| Caos | 혼돈 |
| Chimico | 화학 |
| Densità | 밀도 |
| Elettrone | 전자 |
| Espansione | 확장 |
| Formula | 수식 |
| Frequenza | 빈도 |
| Gas | 가스 |
| Gravità | 중력 |
| Magnetismo | 자기 |
| Meccanica | 역학 |
| Molecola | 분자 |
| Motore | 엔진 |
| Nucleare | 핵 |
| Particella | 입자 |
| Relatività | 상대성 |
| Variabile | 변수 |
| Velocità | 속도 |

## Foresta Pluviale
## 열대 우림

| | |
|---|---|
| Anfibi | 양서류 |
| Botanico | 식물 |
| Clima | 기후 |
| Comunità | 커뮤니티 |
| Diversità | 다양성 |
| Giungla | 밀림 |
| Insetti | 곤충 |
| Mammiferi | 포유류 |
| Muschio | 이끼 |
| Natura | 자연 |
| Nuvole | 구름 |
| Preservazione | 보존 |
| Prezioso | 귀중한 |
| Restauro | 복구 |
| Rifugio | 피난 |
| Rispetto | 존중 |
| Sopravvivenza | 생존 |
| Specie | 종 |
| Uccelli | 조류 |

## Forme
셰이프

| | |
|---|---|
| Angolo | 모서리 |
| Arco | 호 |
| Bordi | 가장자리 |
| Cerchio | 원 |
| Cilindro | 실린더 |
| Cono | 원뿔 |
| Cubo | 입방체 |
| Curva | 곡선 |
| Ellisse | 타원 |
| Iperbole | 쌍곡선 |
| Lato | 측면 |
| Linea | 선 |
| Ovale | 타원형 |
| Piramide | 피라미드 |
| Poligono | 다각형 |
| Prisma | 프리즘 |
| Quadrato | 정사각형 |
| Rettangolo | 직사각형 |
| Sfera | 구체 |
| Triangolo | 삼각형 |

## Forniture Artistiche
미술 용품

| | |
|---|---|
| Acqua | 물 |
| Acquerelli | 수채화 |
| Acrilico | 아크릴 |
| Argilla | 점토 |
| Carbone | 숯 |
| Carta | 종이 |
| Cavalletto | 화가 |
| Colla | 접착제 |
| Colori | 색상 |
| Creatività | 창의성 |
| Gomma | 지우개 |
| Idee | 아이디어 |
| Inchiostro | 잉크 |
| Matite | 연필 |
| Olio | 기름 |
| Pastelli | 파스텔 |
| Sedia | 의자 |
| Spazzole | 브러쉬 |
| Tavolo | 표 |
| Telecamera | 카메라 |

## Frutta
과일

| | |
|---|---|
| Albicocca | 살구 |
| Ananas | 파인애플 |
| Arancia | 오렌지 |
| Avocado | 아보카도 |
| Bacca | 베리 |
| Banana | 바나나 |
| Ciliegia | 체리 |
| Kiwi | 키위 |
| Lampone | 라즈베리 |
| Limone | 레몬 |
| Mango | 망고 |
| Mela | 사과 |
| Melone | 멜론 |
| Mora | 블랙베리 |
| Nettarina | 천도 복숭아 |
| Papaia | 파파야 |
| Pera | 배 |
| Pesca | 복숭아 |
| Prugna | 자두 |
| Uva | 포도 |

## Geografia
지리학

| | |
|---|---|
| Altitudine | 고도 |
| Atlante | 아틀라스 |
| Città | 도시 |
| Continente | 대륙 |
| Emisfero | 반구 |
| Fiume | 강 |
| Isola | 섬 |
| Latitudine | 위도 |
| Longitudine | 경도 |
| Mappa | 지도 |
| Mare | 바다 |
| Meridiano | 자오선 |
| Mondo | 세계 |
| Montagna | 산 |
| Nord | 북쪽 |
| Ovest | 서쪽 |
| Paese | 국가 |
| Regione | 지역 |
| Sud | 남쪽 |
| Territorio | 영토 |

## Geologia
지질학

| | |
|---|---|
| Acido | 산 |
| Altopiano | 고원 |
| Calcio | 칼슘 |
| Caverna | 동굴 |
| Continente | 대륙 |
| Corallo | 산호 |
| Cristalli | 크리스탈 |
| Erosione | 부식 |
| Fossile | 화석 |
| Geyser | 간헐천 |
| Lava | 용암 |
| Minerali | 탄산수 |
| Pietra | 돌 |
| Quarzo | 석영 |
| Sale | 소금 |
| Stalagmiti | 석순 |
| Stalattite | 종유석 |
| Strato | 층 |
| Terremoto | 지진 |
| Vulcano | 화산 |

## Geometria
지오메트리

| | |
|---|---|
| Altezza | 키 |
| Angolo | 각도 |
| Calcolo | 계산 |
| Cerchio | 원 |
| Curva | 곡선 |
| Diametro | 지름 |
| Dimensione | 치수 |
| Equazione | 방정식 |
| Logica | 논리 |
| Mediano | 중앙값 |
| Numero | 수 |
| Orizzontale | 수평 |
| Parallelo | 평행 |
| Proporzione | 비율 |
| Segmento | 분절 |
| Simmetria | 대칭 |
| Superficie | 표면 |
| Teoria | 이론 |
| Triangolo | 삼각형 |
| Verticale | 세로 |

## Giardinaggio
원예

| | |
|---|---|
| Acqua | 물 |
| Botanico | 식물 |
| Clima | 기후 |
| Commestibile | 식용 |
| Compost | 퇴비 |
| Contenitore | 컨테이너 |
| Esotico | 이국적인 |
| Fiorire | 꽃 |
| Floreale | 플로랄 |
| Fogliame | 잎 |
| Frutteto | 과수원 |
| Mazzo | 꽃다발 |
| Semi | 씨앗 |
| Specie | 종 |
| Sporco | 흙 |
| Stagionale | 계절 |
| Suolo | 토양 |
| Tubo | 호스 |
| Umidità | 수분 |

## Giardino
가든

| | |
|---|---|
| Albero | 나무 |
| Amaca | 해먹 |
| Cespuglio | 부시 |
| Erba | 잔디 |
| Erbacce | 잡초 |
| Fiore | 꽃 |
| Frutteto | 과수원 |
| Garage | 차고 |
| Giardino | 정원 |
| Pala | 삽 |
| Panca | 벤치 |
| Portico | 현관 |
| Rastrello | 갈퀴 |
| Recinto | 울타리 |
| Rocce | 바위 |
| Stagno | 연못 |
| Suolo | 토양 |
| Terrazza | 테라스 |
| Trampolino | 트램폴린 |
| Tubo | 호스 |

## Governo
정부

| | |
|---|---|
| Capo | 지도자 |
| Cittadinanza | 시민권 |
| Civile | 시민 |
| Costituzione | 헌법 |
| Democrazia | 민주주의 |
| Discorso | 연설 |
| Discussione | 토론 |
| Giudiziario | 사법 |
| Giustizia | 정의 |
| Indipendenza | 독립 |
| Legge | 법 |
| Libertà | 자유 |
| Monumento | 기념물 |
| Nazione | 국가 |
| Politica | 정치 |
| Potenza | 힘 |
| Quartiere | 지구 |
| Simbolo | 상징 |
| Stato | 상태 |
| Uguaglianza | 평등 |

## Guida
드라이빙

| | |
|---|---|
| Attenzione | 주의 |
| Auto | 차 |
| Autobus | 버스 |
| Carburante | 연료 |
| Freni | 브레이크 |
| Garage | 차고 |
| Gas | 가스 |
| Incidente | 사고 |
| Licenza | 특허 |
| Mappa | 지도 |
| Moto | 오토바이 |
| Motore | 모터 |
| Pedonale | 보행자 |
| Pericolo | 위험 |
| Polizia | 경찰 |
| Sicurezza | 안전 |
| Strada | 도로 |
| Traffico | 교통 |
| Tunnel | 터널 |
| Velocità | 속도 |

## I Media
더 미디어

| | |
|---|---|
| Atteggiamenti | 태도 |
| Commerciale | 광고 |
| Comunicazione | 통신 |
| Digitale | 디지털 |
| Edizione | 판 |
| Educazione | 교육 |
| Fatti | 사실 |
| Finanziamento | 자금 조달 |
| Foto | 사진 |
| Giornali | 신문 |
| Individuale | 개인 |
| Industria | 산업 |
| Intellettuale | 지적인 |
| Locale | 로컬 |
| Online | 온라인 |
| Opinione | 의견 |
| Pubblico | 공공의 |
| Radio | 라디오 |
| Rete | 회로망 |
| Televisione | 텔레비전 |

## Imbarcazioni
보트

| | |
|---|---|
| Albero | 돛대 |
| Ancora | 닻 |
| Barca a Vela | 범선 |
| Boa | 부표 |
| Canoa | 카누 |
| Corda | 밧줄 |
| Equipaggio | 승무원 |
| Fiume | 강 |
| Kayak | 카약 |
| Lago | 호수 |
| Mare | 바다 |
| Marea | 조류 |
| Marinaio | 선원 |
| Motore | 엔진 |
| Nautico | 해상 |
| Oceano | 대양 |
| Onde | 파도 |
| Traghetto | 나룻배 |
| Yacht | 요트 |
| Zattera | 뗏목 |

## Ingegneria
## 엔지니어링

| | |
|---|---|
| Angolo | 각도 |
| Asse | 축 |
| Calcolo | 계산 |
| Costruzione | 건설 |
| Diagramma | 도표 |
| Diametro | 지름 |
| Diesel | 디젤 |
| Distribuzione | 분포 |
| Energia | 에너지 |
| Forza | 힘 |
| Ingranaggi | 기어 |
| Liquido | 액체 |
| Macchina | 기계 |
| Misurazione | 측정 |
| Motore | 모터 |
| Profondità | 깊이 |
| Propulsione | 추진 |
| Rotazione | 회전 |
| Stabilità | 안정성 |
| Struttura | 구조 |

## Jazz
## 재즈

| | |
|---|---|
| Album | 앨범 |
| Applauso | 박수 |
| Artista | 예술가 |
| Canzone | 노래 |
| Compositore | 작곡가 |
| Composizione | 구성 |
| Concerto | 콘서트 |
| Enfasi | 강조 |
| Famoso | 유명한 |
| Genere | 장르 |
| Improvvisazione | 즉흥 연주 |
| Musica | 음악 |
| Nuovo | 새로운 |
| Orchestra | 오케스트라 |
| Preferiti | 즐겨찾기 |
| Ritmo | 리듬 |
| Stile | 스타일 |
| Talento | 재능 |
| Tecnica | 기술 |
| Vecchio | 오래된 |

## Letteratura
## 문학

| | |
|---|---|
| Analisi | 분석 |
| Analogia | 유추 |
| Aneddoto | 일화 |
| Autore | 저자 |
| Biografia | 전기 |
| Conclusione | 결론 |
| Confronto | 비교 |
| Descrizione | 설명 |
| Dialogo | 대화 |
| Genere | 장르 |
| Metafora | 은유 |
| Opinione | 의견 |
| Poesia | 시 |
| Poetico | 시적 |
| Rima | 운 |
| Ritmo | 리듬 |
| Romanzo | 소설 |
| Stile | 스타일 |
| Tema | 주제 |
| Tragedia | 비극 |

## Libri
## 도서

| | |
|---|---|
| Autore | 저자 |
| Avventura | 모험 |
| Collezione | 수집 |
| Contesto | 문맥 |
| Dualità | 이중성 |
| Epico | 서사시 |
| Inventivo | 발명 |
| Letterario | 문학 |
| Lettore | 리더 |
| Narratore | 내레이터 |
| Pagina | 페이지 |
| Poesia | 시 |
| Rilevante | 관련 |
| Romanzo | 소설 |
| Scritto | 서면 |
| Serie | 시리즈 |
| Storia | 이야기 |
| Storico | 역사적인 |
| Tragico | 비참한 |
| Umoristico | 재미있는 |

## Mammiferi
## 포유류

| | |
|---|---|
| Balena | 고래 |
| Cane | 개 |
| Canguro | 캥거루 |
| Cavallo | 말 |
| Cervo | 사슴 |
| Coniglio | 토끼 |
| Coyote | 코요테 |
| Delfino | 돌고래 |
| Elefante | 코끼리 |
| Gatto | 고양이 |
| Giraffa | 기린 |
| Gorilla | 고릴라 |
| Leone | 사자 |
| Lupo | 늑대 |
| Orso | 곰 |
| Pecora | 양 |
| Scimmia | 원숭이 |
| Toro | 황소 |
| Volpe | 여우 |
| Zebra | 얼룩말 |

## Matematica
## 수학

| | |
|---|---|
| Angoli | 각도 |
| Aritmetica | 산수 |
| Decimale | 십진수 |
| Diametro | 지름 |
| Equazione | 방정식 |
| Esponente | 멱지수 |
| Frazione | 분수 |
| Geometria | 기하학 |
| Numeri | 숫자 |
| Parallelo | 평행 |
| Parallelogramma | 평행사변형 |
| Perimetro | 둘레 |
| Perpendicolare | 수직 |
| Poligono | 다각형 |
| Quadrato | 정사각형 |
| Raggio | 반지름 |
| Rettangolo | 직사각형 |
| Simmetria | 대칭 |
| Triangolo | 삼각형 |
| Volume | 음량 |

## Meditazione
### 명상

| | |
|---|---|
| Accettazione | 수락 |
| Attenzione | 주의 |
| Chiarezza | 선명도 |
| Compassione | 연민 |
| Emozioni | 감정 |
| Felicità | 행복 |
| Gentilezza | 친절 |
| Gratitudine | 감사 |
| Mentale | 정신 |
| Mente | 마음 |
| Movimento | 운동 |
| Musica | 음악 |
| Natura | 자연 |
| Osservazione | 관찰 |
| Pace | 평화 |
| Pensieri | 생각 |
| Postura | 자세 |
| Prospettiva | 관점 |
| Respirazione | 호흡 |
| Silenzio | 침묵 |

## Meteo
### 날씨

| | |
|---|---|
| Arcobaleno | 무지개 |
| Asciutto | 마른 |
| Atmosfera | 분위기 |
| Brezza | 미풍 |
| Cielo | 하늘 |
| Clima | 기후 |
| Fulmine | 번개 |
| Ghiaccio | 얼음 |
| Monsone | 우기 |
| Nebbia | 안개 |
| Nube | 구름 |
| Polare | 극선 |
| Siccità | 가뭄 |
| Temperatura | 온도 |
| Tempesta | 폭풍 |
| Tornado | 토네이도 |
| Tropicale | 열대 |
| Tuono | 천둥 |
| Uragano | 허리케인 |
| Vento | 바람 |

## Misurazioni
### 측정값

| | |
|---|---|
| Altezza | 키 |
| Byte | 바이트 |
| Centimetro | 센티미터 |
| Chilogrammo | 킬로그램 |
| Chilometro | 킬로미터 |
| Decimale | 십진수 |
| Grado | 정도 |
| Grammo | 그램 |
| Larghezza | 너비 |
| Litro | 리터 |
| Lunghezza | 길이 |
| Metro | 미터 |
| Minuto | 분 |
| Oncia | 온스 |
| Peso | 무게 |
| Pinta | 파인트 |
| Pollice | 인치 |
| Profondità | 깊이 |
| Tonnellata | 톤 |
| Volume | 음량 |

## Mitologia
### 신화

| | |
|---|---|
| Archetipo | 원형 |
| Comportamento | 행동 |
| Creatura | 생물 |
| Creazione | 창조 |
| Credenze | 신념 |
| Cultura | 문화 |
| Disastro | 재해 |
| Divinità | 신 |
| Eroe | 영웅 |
| Forza | 힘 |
| Fulmine | 번개 |
| Gelosia | 질투 |
| Guerriero | 전사 |
| Immortalità | 불사 |
| Labirinto | 미궁 |
| Leggenda | 전설 |
| Magico | 마법의 |
| Mostro | 괴물 |
| Tuono | 천둥 |
| Vendetta | 복수 |

## Moda
### 패션

| | |
|---|---|
| Abbigliamento | 의류 |
| Boutique | 부티크 |
| Caro | 비싼 |
| Elegante | 우아한 |
| Minimalista | 미니멀리스트 |
| Misure | 측정 |
| Modello | 무늬 |
| Moderno | 현대 |
| Modesto | 겸손한 |
| Originale | 원본 |
| Pizzo | 레이스 |
| Pratico | 실용적인 |
| Pulsanti | 버튼 |
| Ricamo | 자수 |
| Semplice | 간단한 |
| Sofisticato | 정교한 |
| Stile | 스타일 |
| Tendenza | 경향 |
| Trama | 조직 |

## Musica
### 음악

| | |
|---|---|
| Album | 앨범 |
| Armonia | 조화 |
| Armonico | 고조파 |
| Ballata | 민요 |
| Cantante | 가수 |
| Cantare | 노래 |
| Classico | 고전 |
| Coro | 합창 |
| Lirico | 서정적 |
| Melodia | 멜로디 |
| Microfono | 마이크 |
| Musicale | 뮤지컬 |
| Musicista | 음악가 |
| Opera | 오페라 |
| Poetico | 시적 |
| Registrazione | 녹음 |
| Ritmico | 리듬 |
| Strumento | 악기 |
| Tempo | 속도 |
| Vocale | 보컬 |

## Natura
### 네이처

| | |
|---|---|
| Animali | 동물 |
| Api | 꿀벌 |
| Artico | 북극 |
| Bellezza | 아름다움 |
| Deserto | 사막 |
| Dinamico | 동적 |
| Erosione | 부식 |
| Fiume | 강 |
| Fogliame | 잎 |
| Foresta | 숲 |
| Ghiacciaio | 빙하 |
| Montagne | 산 |
| Nebbia | 안개 |
| Nuvole | 구름 |
| Santuario | 성역 |
| Scogliere | 절벽 |
| Selvaggio | 야생 |
| Sereno | 고요한 |
| Tropicale | 열대 |

## Numeri
### 숫자

| | |
|---|---|
| Cinque | 다섯 |
| Decimale | 십진수 |
| Diciannove | 열아홉 |
| Diciassette | 열일곱 |
| Diciotto | 십팔 |
| Dieci | 십 |
| Dodici | 열두 |
| Due | 두 |
| Nove | 아홉 |
| Otto | 여덟 |
| Quattordici | 십사 |
| Quattro | 포 |
| Quindici | 열 다섯 |
| Sedici | 식스틴 |
| Sei | 여섯 |
| Sette | 일곱 |
| Tre | 삼 |
| Tredici | 열셋 |
| Venti | 스물 |
| Zero | 영 |

## Nutrizione
### 영양

| | |
|---|---|
| Amaro | 쓴 |
| Appetito | 식욕 |
| Bilanciato | 균형 잡힌 |
| Calorie | 칼로리 |
| Carboidrati | 탄수화물 |
| Commestibile | 식용 |
| Dieta | 다이어트 |
| Digestione | 소화 |
| Fermentazione | 발효 |
| Liquidi | 액체 |
| Nutriente | 영양소 |
| Peso | 무게 |
| Proteine | 단백질 |
| Qualità | 품질 |
| Salsa | 소스 |
| Salute | 건강 |
| Sano | 건강한 |
| Spezie | 향신료 |
| Tossina | 독소 |
| Vitamina | 비타민 |

## Oceano
### 바다

| | |
|---|---|
| Anguilla | 장어 |
| Balena | 고래 |
| Barca | 배 |
| Corallo | 산호 |
| Delfino | 돌고래 |
| Gamberetto | 새우 |
| Granchio | 게 |
| Maree | 조수 |
| Medusa | 해파리 |
| Onde | 파도 |
| Ostrica | 굴 |
| Pesce | 물고기 |
| Polpo | 문어 |
| Sale | 소금 |
| Scogliera | 암초 |
| Spugna | 스펀지 |
| Squalo | 상어 |
| Tartaruga | 거북이 |
| Tempesta | 폭풍 |
| Tonno | 참치 |

## Paesaggi
### 풍경

| | |
|---|---|
| Cascata | 폭포 |
| Collina | 언덕 |
| Deserto | 사막 |
| Fiume | 강 |
| Geyser | 간헐천 |
| Ghiacciaio | 빙하 |
| Grotta | 동굴 |
| Iceberg | 빙산 |
| Isola | 섬 |
| Lago | 호수 |
| Mare | 바다 |
| Montagna | 산 |
| Oasi | 오아시스 |
| Oceano | 대양 |
| Palude | 늪 |
| Penisola | 반도 |
| Spiaggia | 해변 |
| Tundra | 동토대 |
| Valle | 골짜기 |
| Vulcano | 화산 |

## Paesi #1
### 국가 #1

| | |
|---|---|
| Brasile | 브라질 |
| Cambogia | 캄보디아 |
| Canada | 캐나다 |
| Egitto | 이집트 |
| Finlandia | 핀란드 |
| Germania | 독일 |
| India | 인도 |
| Iraq | 이라크 |
| Israele | 이스라엘 |
| Libia | 리비아 |
| Mali | 말리 |
| Marocco | 모로코 |
| Norvegia | 노르웨이 |
| Panama | 파나마 |
| Polonia | 폴란드 |
| Romania | 루마니아 |
| Senegal | 세네갈 |
| Spagna | 스페인 |
| Venezuela | 베네수엘라 |
| Vietnam | 베트남 |

## Paesi #2
### 국가 #2

| | |
|---|---|
| Albania | 알바니아 |
| Danimarca | 덴마크 |
| Etiopia | 에티오피아 |
| Giamaica | 자메이카 |
| Giappone | 일본 |
| Grecia | 그리스 |
| Haiti | 아이티 |
| Indonesia | 인도네시아 |
| Irlanda | 아일랜드 |
| Laos | 라오스 |
| Liberia | 라이베리아 |
| Messico | 멕시코 |
| Nepal | 네팔 |
| Nigeria | 나이지리아 |
| Pakistan | 파키스탄 |
| Russia | 러시아 |
| Siria | 시리아 |
| Sudan | 수단 |
| Ucraina | 우크라이나 |
| Uganda | 우간다 |

## Piante
### 식물

| | |
|---|---|
| Albero | 나무 |
| Bacca | 베리 |
| Bambù | 대나무 |
| Botanica | 식물학 |
| Cactus | 선인장 |
| Cespuglio | 부시 |
| Crescere | 성장하다 |
| Edera | 아이비 |
| Erba | 잔디 |
| Fagiolo | 콩 |
| Fertilizzante | 비료 |
| Fiore | 꽃 |
| Flora | 플로라 |
| Fogliame | 잎 |
| Foresta | 숲 |
| Giardino | 정원 |
| Muschio | 이끼 |
| Petalo | 꽃잎 |
| Radice | 뿌리 |
| Vegetazione | 초목 |

## Professioni #1
### 직업 #1

| | |
|---|---|
| Allenatore | 코치 |
| Ambasciatore | 대사 |
| Artista | 예술가 |
| Astronomo | 천문학자 |
| Avvocato | 변호사 |
| Ballerino | 댄서 |
| Banchiere | 은행가 |
| Cacciatore | 사냥꾼 |
| Cartografo | 지도 제작자 |
| Editore | 편집자 |
| Farmacista | 약사 |
| Geologo | 지질학자 |
| Gioielliere | 보석상 |
| Idraulico | 배관공 |
| Infermiera | 간호사 |
| Musicista | 음악가 |
| Pianista | 피아니스트 |
| Psicologo | 심리학자 |
| Scienziato | 과학자 |
| Veterinario | 수의사 |

## Professioni #2
### 직업 #2

| | |
|---|---|
| Astronauta | 우주 비행사 |
| Bibliotecario | 사서 |
| Biologo | 생물학자 |
| Chirurgo | 외과 의사 |
| Dentista | 치과 의사 |
| Filosofo | 철학자 |
| Fotografo | 사진 작가 |
| Giardiniere | 정원사 |
| Giornalista | 기자 |
| Illustratore | 일러스트레이터 |
| Ingegnere | 엔지니어 |
| Insegnante | 선생님 |
| Inventore | 발명자 |
| Investigatore | 조사관 |
| Linguista | 언어학자 |
| Medico | 의사 |
| Pilota | 조종사 |
| Pittore | 화가 |
| Ricercatore | 연구원 |
| Zoologo | 동물학자 |

## Psicologia
### 심리학

| | |
|---|---|
| Appuntamento | 약속 |
| Clinico | 임상 |
| Cognizione | 인식 |
| Comportamento | 행동 |
| Conflitto | 갈등 |
| Ego | 자아 |
| Emozioni | 감정 |
| Esperienze | 경험 |
| Idee | 아이디어 |
| Inconscio | 무의식 |
| Infanzia | 어린 시절 |
| Influenze | 영향 |
| Pensieri | 생각 |
| Percezione | 지각 |
| Personalità | 인격 |
| Problema | 문제 |
| Realtà | 현실 |
| Sensazione | 감각 |
| Terapia | 요법 |
| Valutazione | 평가 |

## Ristorante #2
### 레스토랑 #2

| | |
|---|---|
| Acqua | 물 |
| Aperitivo | 전채 |
| Bevanda | 음료 |
| Cameriere | 웨이터 |
| Cena | 저녁 식사 |
| Cucchiaio | 숟가락 |
| Delizioso | 맛있는 |
| Forchetta | 포크 |
| Frutta | 과일 |
| Ghiaccio | 얼음 |
| Insalata | 샐러드 |
| Minestra | 수프 |
| Pesce | 물고기 |
| Pranzo | 점심 |
| Sale | 소금 |
| Sedia | 의자 |
| Spezie | 향신료 |
| Torta | 케이크 |
| Verdure | 채소 |

## Salute e Benessere #1
### 건강 및 웰빙 #1

| | |
|---|---|
| Abitudine | 습관 |
| Altezza | 키 |
| Attivo | 활동적인 |
| Batteri | 박테리아 |
| Clinica | 진료소 |
| Fame | 굶주림 |
| Farmacia | 약국 |
| Frattura | 골절 |
| Medicina | 약 |
| Medico | 의사 |
| Muscoli | 근육 |
| Nervi | 신경 |
| Ormoni | 호르몬 |
| Pelle | 피부 |
| Postura | 자세 |
| Riflesso | 반사 |
| Rilassamento | 휴식 |
| Terapia | 요법 |
| Trattamento | 치료 |
| Virus | 바이러스 |

## Salute e Benessere #2
### 건강 및 웰빙 #2

| | |
|---|---|
| Allergia | 알레르기 |
| Anatomia | 해부 |
| Appetito | 식욕 |
| Caloria | 칼로리 |
| Corpo | 몸 |
| Dieta | 다이어트 |
| Digestione | 소화 |
| Disidratazione | 탈수 |
| Energia | 에너지 |
| Genetica | 유전학 |
| Igiene | 위생 |
| Infezione | 감염 |
| Malattia | 질병 |
| Massaggio | 마사지 |
| Nutrizione | 영양 |
| Ospedale | 병원 |
| Peso | 무게 |
| Sangue | 피 |
| Sano | 건강한 |
| Vitamina | 비타민 |

## Scacchi
### 체스

| | |
|---|---|
| Avversario | 상대 |
| Bianco | 하얀 |
| Campione | 챔피언 |
| Concorso | 대회 |
| Diagonale | 대각선 |
| Giocatore | 플레이어 |
| Gioco | 게임 |
| Intelligente | 영리한 |
| Nero | 블랙 |
| Passivo | 수동태 |
| Re | 왕 |
| Regina | 퀸 |
| Regole | 규칙 |
| Sacrificio | 희생 |
| Sfide | 도전 |
| Strategia | 전략 |
| Tempo | 시각 |
| Torneo | 토너먼트 |

## Scienza
### 과학

| | |
|---|---|
| Atomo | 원자 |
| Chimico | 화학 |
| Clima | 기후 |
| Dati | 데이터 |
| Esperimento | 실험 |
| Evoluzione | 진화 |
| Fatto | 사실 |
| Fisica | 물리학 |
| Fossile | 화석 |
| Gravità | 중력 |
| Ipotesi | 가설 |
| Laboratorio | 실험실 |
| Metodo | 방법 |
| Minerali | 탄산수 |
| Molecole | 분자 |
| Natura | 자연 |
| Organismo | 유기체 |
| Osservazione | 관찰 |
| Particelle | 입자 |
| Scienziato | 과학자 |

## Spezie
### 향신료

| | |
|---|---|
| Aglio | 마늘 |
| Amaro | 쓴 |
| Anice | 아니스 |
| Cannella | 계피 |
| Cardamomo | 카르다몸 |
| Cipolla | 양파 |
| Coriandolo | 고수풀 |
| Cumino | 커민 |
| Curcuma | 심황 |
| Curry | 카레 |
| Dolce | 달콤한 |
| Finocchio | 회향 |
| Liquirizia | 감초 |
| Noce Moscata | 육두구 |
| Paprika | 파프리카 |
| Pepe | 후추 |
| Sale | 소금 |
| Vaniglia | 바닐라 |
| Zafferano | 사프란 |
| Zenzero | 생강 |

## Sport
### 스포츠

| | |
|---|---|
| Allenatore | 코치 |
| Atleta | 선수 |
| Capacità | 능력 |
| Ciclismo | 사이클링 |
| Corpo | 몸 |
| Danza | 춤 |
| Dieta | 다이어트 |
| Forza | 힘 |
| Jogging | 조깅 |
| Massimizzare | 최대화 |
| Muscoli | 근육 |
| Nutrizione | 영양 |
| Obiettivo | 골 |
| Ossa | 뼈 |
| Programma | 프로그램 |
| Resistenza | 지구력 |
| Salute | 건강 |
| Sportivo | 스포츠 |
| Stretching | 스트레칭 |

## Strumenti Musicali
### 악기

| | |
|---|---|
| Armonica | 하모니카 |
| Arpa | 하프 |
| Banjo | 밴조 |
| Chitarra | 기타 |
| Clarinetto | 클라리넷 |
| Fagotto | 바순 |
| Flauto | 플루트 |
| Gong | 징 |
| Mandolino | 만돌린 |
| Marimba | 마림바 |
| Oboe | 오보에 |
| Percussione | 타악기 |
| Pianoforte | 피아노 |
| Sassofono | 색소폰 |
| Tamburello | 탬버린 |
| Tamburo | 북 |
| Tromba | 트럼펫 |
| Trombone | 트롬본 |
| Violino | 바이올린 |
| Violoncello | 첼로 |

## Tecnologia
### 기술

| | |
|---|---|
| Blog | 블로그 |
| Browser | 브라우저 |
| Byte | 바이트 |
| Computer | 컴퓨터 |
| Cursore | 커서 |
| Dati | 데이터 |
| Digitale | 디지털 |
| File | 파일 |
| Font | 글꼴 |
| Internet | 인터넷 |
| Messaggio | 메시지 |
| Ricerca | 연구 |
| Schermo | 화면 |
| Sicurezza | 보안 |
| Software | 소프트웨어 |
| Statistiche | 통계 |
| Telecamera | 카메라 |
| Virtuale | 가상 |
| Virus | 바이러스 |

## Tempo
### 시간

| | |
|---|---|
| Anno | 년 |
| Annuale | 연간 |
| Calendario | 달력 |
| Decennio | 십년 |
| Dopo | 후 |
| Futuro | 미래 |
| Giorno | 일 |
| Ieri | 어제 |
| Mattina | 아침 |
| Mese | 월 |
| Mezzogiorno | 정오 |
| Minuto | 분 |
| Notte | 밤 |
| Oggi | 오늘 |
| Ora | 시간 |
| Orologio | 시계 |
| Presto | 곧 |
| Prima | 전에 |
| Secolo | 세기 |
| Settimana | 주 |

## Tipi di Capelli
### 헤어 타입

| | |
|---|---|
| Argento | 은 |
| Asciutto | 마른 |
| Bianco | 하얀 |
| Biondo | 금발 |
| Breve | 짧은 |
| Calvo | 대머리 |
| Grigio | 회색 |
| Intrecciato | 꼰 |
| Liscio | 매끄러운 |
| Lucido | 빛나는 |
| Lungo | 긴 |
| Marrone | 갈색 |
| Morbido | 부드러운 |
| Nero | 블랙 |
| Riccio | 곱슬 |
| Sano | 건강한 |
| Sottile | 얇은 |
| Spessore | 두꺼운 |
| Trecce | 머리띠 |

## Uccelli
### 새들

| | |
|---|---|
| Airone | 헤론 |
| Anatra | 오리 |
| Aquila | 독수리 |
| Cicogna | 황새 |
| Cigno | 백조 |
| Cuculo | 뻐꾸기 |
| Falco | 매 |
| Fenicottero | 플라밍고 |
| Gabbiano | 갈매기 |
| Oca | 거위 |
| Pappagallo | 앵무새 |
| Passero | 참새 |
| Pavone | 공작 |
| Pellicano | 펠리컨 |
| Piccione | 비둘기 |
| Pinguino | 펭귄 |
| Pollo | 닭 |
| Struzzo | 타조 |
| Tucano | 부리새 |
| Uovo | 계란 |

## Universo
### 유니버스

| | |
|---|---|
| Asteroide | 소행성 |
| Astronomia | 천문학 |
| Astronomo | 천문학자 |
| Atmosfera | 분위기 |
| Buio | 어둠 |
| Celeste | 천상의 |
| Cielo | 하늘 |
| Cosmico | 우주 |
| Emisfero | 반구 |
| Galassia | 은하 |
| Latitudine | 위도 |
| Longitudine | 경도 |
| Luna | 달 |
| Orbita | 궤도 |
| Orizzonte | 수평선 |
| Solare | 태양 |
| Solstizio | 지점 |
| Telescopio | 망원경 |
| Visibile | 보이는 |
| Zodiaco | 조디악 |

## Vacanze #2
## 휴가 #2

| | |
|---|---|
| Aeroporto | 공항 |
| Campeggio | 캠핑 |
| Destinazione | 목적지 |
| Foto | 사진 |
| Hotel | 호텔 |
| Isola | 섬 |
| Mappa | 지도 |
| Mare | 바다 |
| Passaporto | 여권 |
| Ristorante | 식당 |
| Spiaggia | 해변 |
| Straniero | 외국인 |
| Taxi | 택시 |
| Tempo Libero | 여가 |
| Tenda | 텐트 |
| Trasporto | 교통 |
| Treno | 기차 |
| Vacanza | 휴일 |
| Viaggio | 여행 |
| Visto | 비자 |

## Veicoli
## 차량

| | |
|---|---|
| Aereo | 비행기 |
| Ambulanza | 구급차 |
| Auto | 차 |
| Autobus | 버스 |
| Barca | 배 |
| Bicicletta | 자전거 |
| Camion | 트럭 |
| Caravan | 캐러밴 |
| Elicottero | 헬리콥터 |
| Metropolitana | 지하철 |
| Motore | 모터 |
| Pneumatici | 타이어 |
| Razzo | 로켓 |
| Scooter | 스쿠터 |
| Sottomarino | 잠수함 |
| Taxi | 택시 |
| Traghetto | 나룻배 |
| Trattore | 트랙터 |
| Treno | 기차 |
| Zattera | 뗏목 |

## Verdure
## 야채

| | |
|---|---|
| Aglio | 마늘 |
| Broccolo | 브로콜리 |
| Carciofo | 아티초크 |
| Carota | 당근 |
| Cetriolo | 오이 |
| Cipolla | 양파 |
| Fungo | 버섯 |
| Insalata | 샐러드 |
| Melanzana | 가지 |
| Patata | 감자 |
| Pisello | 완두콩 |
| Pomodoro | 토마토 |
| Prezzemolo | 파슬리 |
| Rapa | 순무 |
| Ravanello | 무 |
| Scalogno | 샬롯 |
| Sedano | 셀러리 |
| Spinaci | 시금치 |
| Zenzero | 생강 |
| Zucca | 호박 |

## Vestiti
## 의류

| | |
|---|---|
| Abito | 드레스 |
| Braccialetto | 팔찌 |
| Camicetta | 블라우스 |
| Camicia | 셔츠 |
| Cappello | 모자 |
| Cappotto | 코트 |
| Cintura | 벨트 |
| Collana | 목걸이 |
| Giacca | 재킷 |
| Gonna | 치마 |
| Grembiule | 앞치마 |
| Guanti | 장갑 |
| Jeans | 청바지 |
| Maglione | 스웨터 |
| Moda | 패션 |
| Pantaloni | 바지 |
| Pigiama | 잠옷 |
| Sandali | 샌들 |
| Scarpa | 구두 |
| Sciarpa | 스카프 |

# Congratulazioni

**Ce l'hai fatta!**

Speriamo che questo libro vi sia piaciuto tanto quanto a noi è piaciuto concepirlo. Ci sforziamo di creare libri della più alta qualità possibile.
Questa edizione è progettata per fornire un apprendimento intelligente, di qualità e divertente!

Le è piaciuto questo libro?

-------

## Una Semplice Richiesta

Questi libri esistono grazie alle recensioni che pubblicate.

Puoi aiutarci lasciando una recensione
ora a questo link ?

BestBooksActivity.com/Recensioni50

# SFIDA FINALE!

## Sfida n°1

Sei pronto per il tuo gioco gratuito? Li usiamo sempre, ma non sono così facili da trovare - ecco i **Sinonimi!**

Scrivi 5 parole che hai trovato nei puzzle (n° 21, n° 36, n° 76) e prova a trovare 2 sinonimi per ogni parola.

### Scrivi 5 parole del *Puzzle 21*

| Parole | Sinonimo 1 | Sinonimo 2 |
|--------|-----------|-----------|
|        |           |           |
|        |           |           |
|        |           |           |
|        |           |           |
|        |           |           |

### Scrivi 5 parole del *Puzzle 36*

| Parole | Sinonimo 1 | Sinonimo 2 |
|--------|-----------|-----------|
|        |           |           |
|        |           |           |
|        |           |           |
|        |           |           |
|        |           |           |

### Scrivi 5 parole del *Puzzle 76*

| Parole | Sinonimo 1 | Sinonimo 2 |
|--------|-----------|-----------|
|        |           |           |
|        |           |           |
|        |           |           |
|        |           |           |
|        |           |           |

# Sfida n°2

Ora che ti sei riscaldato, scrivi 5 parole che hai trovato nei puzzle n° 9, n° 17 e n° 25 e cerca di trovare 2 contrari per ogni parola. Quanti ne puoi trovare in 20 minuti?

### Scrivi 5 parole del **Puzzle 9**

| Parole | Antonimo 1 | Antonimo 2 |
|--------|------------|------------|
|        |            |            |
|        |            |            |
|        |            |            |
|        |            |            |
|        |            |            |

### Scrivi 5 parole del **Puzzle 17**

| Parole | Antonimo 1 | Antonimo 2 |
|--------|------------|------------|
|        |            |            |
|        |            |            |
|        |            |            |
|        |            |            |
|        |            |            |

### Scrivi 5 parole del **Puzzle 25**

| Parole | Antonimo 1 | Antonimo 2 |
|--------|------------|------------|
|        |            |            |
|        |            |            |
|        |            |            |
|        |            |            |
|        |            |            |

# Sfida n°3

Grande! Questa sfida non è niente per te!

Pronto per la sfida finale? Scegli 10 parole che hai scoperto nei diversi puzzle e scrivile qui sotto.

| | |
|---|---|
| 1. | 6. |
| 2. | 7. |
| 3. | 8. |
| 4. | 9. |
| 5. | 10. |

Ora scrivi un testo pensando a una persona, un animale o un luogo che ti piace.

*Puoi usare l'ultima pagina di questo libro come bozza.*

## La tua composizione:

# TACCUINO:

# A PRESTO!

*Tutta la Squadra*

**BESTACTIVITYBOOKS.COM/FREEGAMES**

www.ingramcontent.com/pod-product-compliance
Lightning Source LLC
Chambersburg PA
CBHW082044120626
46553CB00011B/3280